Roger Schöntag

Stromschnellen

Kürzestgeschichten und Aphorismen

Ibykos Verlag

München (Neuhausen)
ibykos.verlag@yahoo.de

ISBN: 978-3-00-063483-3

Herstellung und Vertrieb:
Books on Demand GmbH
Norderstedt

Vorwort

Der vorliegende Band versammelt eine Auswahl von Kürzestgeschichten Roger Schöntags aus dem letzten Jahrzehnt mit unterschiedlichen thematischen Schwerpunkten und je unterschiedlicher formaler Gestaltung.

Auch wenn die Länge der Erzählungen, Beschreibungen und Anekdoten zum Teil erheblich schwankt, sind diese vom Autor selbst unter der literarischen Gattung der «Kürzestgeschichte» (engl. *short short story*, frz. *micronouvelle*, span. *microcuento*) zusammengefaßt worden; ist ihnen doch gemeinsam, daß sie meist deutlich weniger lang als eine Kurzgeschichte sind, keine diversifizierte Handlung aufweisen und in der Regel ein Ereignis oder eine Begebenheit pointiert, nicht selten unerwartet darstellen.

Die kurze, prägnante Form ist ganz allgemein ein wesentliches Merkmal Roger Schöntags, nicht nur in den Prosatexten, sondern auch in seinen Gedichten (siehe *Streugut. Reisegedichte aus Europa*, Ibykos Verlag), und kulminiert in zahlreichen Aphorismen, von denen eine kleine Auswahl am Schluß des Bändchens präsentiert wird.

Die meisten Kürzestgeschichten entstanden im Rahmen der seit 2014 von Roger Schöntag geleiteten *Erlanger Schreibwerkstatt*, deren Teilnehmer als ein wichtiges Korrektiv fungierten.

Einige der Kürzestgeschichten wurden bereits vorab in der Literatur- und Kulturzeitschrift *Starnberger Hefte* oder den *Skizzen* publiziert: *Die Schreibstube, Der Lakonietag, Der Schloßgarten*.

Die graphische Gestaltung wurde von Arbeiten des französischen Photographen und Zeichners Roger Montagne (*1932, St. Malo – †1967, Lourmarin) aus den 1950er- und 1960er-Jahren ergänzt.

Ibykos Verlag
München, 2019

Inhalt

An der Bar

Es war noch recht früh am Abend, so daß kaum eine Handvoll Leute die exklusive Bar im Untergeschoß des neoklassizistischen Prachtbaus an der Flaniermeile der Stadt bevölkert hatte. In verspiegelten Regalen reihten sich unzählige Spirituosen aller Herren Länder aneinander, doch er bestellte einen einfachen *Screwdriver* mit viel Eis, den ihm der Bartender in seinem schneeweißen Hemd mit den glänzenden Manschettenknöpfen im Handumdrehen zubereitete und vor ihm auf dem blitzblanken Tresen servierte. Er nippte und warf dem diskreten Mann hinter der Bar einen wohlwollenden Blick zu, um ihm seine Zufriedenheit zu signalisieren. Aus dem silbernen Etui der Innentasche seines Jacketts zupfte er gekonnt eine der länglichen französischen Zigaretten heraus und steckte sie sich an. Er nahm einen tiefen Zug und nippte erneut an seinem Drink. Alkohol und Nikotin bildeten eine wohlige Einheit in seiner Kehle. Erst jetzt war er bereit, in Ruhe nachzudenken.

Verschiedene Modelle, seinen ewigen Widersacher aus dem Weg zu räumen, gingen ihm durch den Kopf und vor seinem geistigen Auge blitzten eine Garotte auf, eine Guillotine und ein Erschießungspeleton, aber auch die Möglichkeit des Pfählens oder Räderns schloß er nicht aus. Doch das waren ja alles aufwendige Wunschvorstellungen, die ihn unnötig Geld kosten würden und ihn aufgrund von Mitwissern in Gefahr bringen könnten. Er würde ihn einfach finan-

ziell ruinieren und damit in den Selbstmord treiben, das schien ihm die eleganteste Lösung.
Zufrieden erhob er sich von seinem Barhocker, schlenderte in den kühlen Abend hinaus und befand, daß sich auch diesmal der Besuch dieses ihm wohlvertrauten Etablissements gelohnt hatte.

Versunken

Nur knapp eine Stunde Fußmarsch war es vom Talboden hier herauf, wo glücklicherweise ein frischer Wind die Sommerhitze ein wenig erträglicher machte. Nachdem der Pfad den Kiefernwald verlassen hatte, schlängelte er sich erst über Almenwiesen und dann schließlich durch das nur noch spärlich von Vegetation besetzte Geröll der Endmoräne. Vorbei am Tor der hier endenden Gletscherzunge, aus dem sich in wilden Sprudeln das milchige Wasser seine Bahn ins Tal grub, bestieg er, einen kleinen Umweg in Kauf nehmend, die rechte Seitenmoräne bis zu einer darüberliegenden Aussichtskanzel aus Granitplatten. Er hielt inne, breitete das völlig überflüssige Jackett auf dem Fels aus und machte es sich bequem.

Welch eine unglaubliche Aussicht! Der Blick reichte über die von der Sommersonne freigelegten, zahlreichen Längs- und Querspalten bis hin zum Zehrgebiet des Gletschers, wo in schneeweisen Karen ewiger Winter herrschte, und noch weiter hinauf bis auf die zackigen Felsgrate, die wie eine Himmelsleiter sich zu immer neuen Gipfelhöhen aufschwangen. Er atmete tief durch und fühlte sich nach der langen Autofahrt befreit. Dieser kleine Abstecher auf seiner Dienstreise hatte sich in jedem Fall mehr als gelohnt. Die Enge, die er zuvor empfunden hatte, die ihn oft automatisch den Krawattenknoten lösen ließ, war wie weggeweht. Seine Gedanken lösten sich aus ihrer Blockade. Endlich konnte er ihnen freien Lauf lassen. Er war auch frei in seinen Entscheidungen. So könnte er jetzt zum Beispiel seinen Geschäftspartner wegen Unterschlagung bei der Staatsanwaltschaft anzeigen, sich hier anketten und gegen den Gletscherrückgang protestieren (was niemand bemerken würde), den Firmensitz der Konkurrenz niederbrennen oder hier heroben die erste Gletscherrepublik ausrufen und einen Ministaat gründen. Stattdessen entschied er sich für ein kleines Nickerchen in frischer Gebirgsluft. Nach einer halben Stunde *Power-Nap* trat er gestärkt den Rückweg an und war ganz aufgeräumt: Vielleicht würde er morgen auf der Konferenz, wenn der Kaffee mal wieder so schlecht sein sollte, einen Sprengsatz deponieren oder es ergäbe sich eine Gelegenheit, seine Sekretärin zu betrügen.

Sommerfrische

Sie freute sich unbändig, dem Mief der Stadt zu entkommen, den stinkenden Gassen mit ihrem schmierigen Kopfsteinpflaster und den seitlichen Rinnsalen aus Küchenabwässern und Exkrementen. Natürlich mußte sie nicht in einem dieser niedrigen Häuser mit den beklemmenden Stuben hausen, in denen es meist beißend nach kaltem Holzkohlerauch, Schweiß und irgendwas Modrigem roch, dennoch war es manchmal unvermeidbar, mit den einfachen Leuten und ihrem armseligen Leben in Kontakt zu kommen. Meist natürlich nur flüchtig, aber allein das rief großen Ekel bei ihr hervor, es war ihr einfach unverständlich, wie man es so aushalten konnte. Das Stadtpalais, in dem sie aufwuchs, war da schon etwas ganz anderes, die Räume waren lichtdurchflutet, hatten hohe, stuckierte Decken und waren ansehnlich möbliert. Glücklicherweise befanden sich die Wohnungen der Dienstboten in einem anderen Trakt und auch die Küche mit ihren ganzen Gerüchen sowie die dampfende Waschküche waren im Keller untergebracht; alles andere hätte sie auch als Zumutung empfunden.

Nun packte sie begeistert ihre Köfferchen und Hutschachteln, legte Linnen über Linnen, Spitze über Spitze und überlegte angespannt, welche Kleinigkeiten ihres Hausrates sie noch mitnehmen sollte. In Gedanken war sie schon in der Landvilla mit ihrem rustikalen Charme, freute sich auf die lieblichen Obstwiesen, den kleinen See, in den ein klarer Gebirgsbach plätscherte, und die Aussicht ins majestätische Gebirg'. Man würde auf der Terrasse einen Nachmittagsimbiß einnehmen und erbauliche Konversationen führen und mal ganz andere Geschichten als in der Stadt zu hören bekommen. Sie hoffte inständig, daß ihre Eltern nicht wieder den Präzeptor miteingeladen hatten, nach Büchern stand ihr der Sinn nun gar nicht; und schließlich war sie bereits fast volljährig, sie würde gerne selbst entscheiden wollen. Während sie in Vorfreude so vor sich hin phantasierte und weiterhin ihr Reisegepäck begutachtete, fiel ihr plötzlich wieder ein, was sie auf keinen Fall vergessen durfte: Arsen. Mal schau'n, wen sie dieses Jahr während der Sommerfrische mit kleinen Dosen vergiften würde. Vielleicht eine Küchenmamsell oder nein, den feschen Dorfjungen, den sie letztes Jahr kennengelernt hatte, was natürlich auch irgendwie schade wäre. Ach, sie würde es spontan entscheiden, auf jeden Fall würde es wieder ein Heidenspaß werden, wenn sie später, zurück zu Hause, die entsprechende Todesnachricht in der Zeitung läse.

La fenêtre – © Roger Montagne

Wahnmoching reloaded

Nein, wir wußten nichts oder wenig von der legendären Schwabinger Bohème der Jahrhundertwende, allenfalls der *Alte Simpl* mit der Bulldogge des *Simplicissimus* am Eingangsschild war uns noch ein Begriff, in dessen Wirtsstube ein letzter Hauch der ehemaligen Künstlerkolonie wehte, die hier und im längst zerbombten *Café Stefanie* in der Amalienstraße ihre Irridationszentren hatte. Ende der 1980er-Jahre saß man eher im völlig zugequalmten *Atzinger,* wo man unbehelligt stundenlang bei einer Halben den vergeistigten Diskussionen von Altachtundsechzigern und redseligen Kommilitonen zuhören konnte, die irgendwas mit Philo-, Sozio-, Historio- oder sonst eine berufsuntaugliche Laberdisziplin studierten und genauso orientierungslos waren wie man selbst. Später abends zog man weiter in die *Schwabinger 7,* wo Gespräche entweder deutlich weniger Niveau hatten und sich auf die Essenzen des Lebens verdichteten, daß heißt auf die Art der zu konsumierenden Alkoholika, oder wo man aufgrund des Musikpegels sowieso nichts mehr hörte. Auch das hatte seine angenehmen Seiten, wenn man um vier Uhr früh im süßlichen Dunst, der unter der Decke klebte, bierselig an der schweißnassen Wand dieser zur Institution gewordenen Nachkriegsbaracke lehnte und sich einfach über nichts mehr Gedanken machte. Gelang es einem, wiederaufzustehen und den Schock der frischen Luft vor der Tür zu überleben, gab es selbstredend nur ein

Ziel, nämlich eine der Dönerbuden in der Feilitzschstraße – unter den gegebenen Umständen ein kulinarisches Highlight, allein wegen der Fett- und Kalorienzufuhr. Natürlich gab es auch immer noch Kultur, die Kleinkunstbühnen der schon in die Jahre gekommenen *Lach- und Schießgesellschaft*, das *Lustspielhaus* oder das *Vereinsheim*, doch das war uns definitiv zu anstrengend. Wir wollten raus, was erleben oder uns treiben lassen, aber nicht schon wieder zuhören und nachdenken. Wir frequentierten alle Lokalitäten, die frei von Schickeriagehabe, geföhnten Jurastudenten und nervigen Türstehern waren, brannten darauf, Neues zu sehen oder Altbewährtes neu zu erleben, irgendetwas war immer möglich, a bisserl was mußte diese Nacht doch gehen – und wenn nicht, dann kam die nächste ganz bestimmt. Das Rad drehte sich weiter, Livebands im *Shamrock*, ein Meter-Pils im *Turbo*, ein Abstecher zum Abtanzen ins rockige *Crash* in der Lindwurmstraße oder ins *Tanzcafé Größenwahn* im Glockenbach mit Punk und Avantgarde und wieder zurück in eine der zahlreichen Boazn. Ein angenehmer Teufelskreis, aus dem man gar nicht ausbrechen wollte.

Das legendäre Schwabing, Maxvorstadt inklusive, wie es Franziska zu Reventlow so treffend als *Wahnmoching* beschrieb, die metaphorische Heimat der Künstler und Exzentriker, die der Anarchist Erich Mühsam in seinen Tagebüchern so wunderbar lebendig werden ließ, all das gab es schon lange nicht mehr. Selbst die *Schwabinger Krawalle* von 1962 und der letzte Szene-Geist der 60er- und 70er-Jahre waren am Verblassen. Und trotzdem, es ließ sich noch feiern, die Nächte blieben lang und wenn man in den frühen Morgenstunden durch die Straßen wankte und seine Sinne schärfte, dann spürte man ihn, den letzten Hauch der Subkultur.

Waldspaziergang

Hier in Nordhessen gab es schon immer großräumige Waldgebiete und selbst heutzutage, wo die ursprünglichen Wälder früherer Zeiten fast vollständig verschwunden sind, gibt es immer noch umfangreiche Baumbestände. So findet sich in der Region noch so mancher Forst auch ohne Nadelgehölzmonokultur des 19. Jahrhunderts, Mischwälder mit Laubbäumen und diversifiziertem Unterholz mit unerwünschtem Wildverbiss.

Plötzlich wurde er durch ein undefinierbares Geräusch aus seinen etwas technischen Gedankengängen zur Geschichte des europäischen Nutzwaldes gerissen. Er drehte sich um, spähte um sich, doch so intensiv er auch den ihn umgebenden Wald mit den Augen zu durchdringen suchte, er erkannte nichts, kein Tier, keinen einsamen Spaziergänger, nichts. Es blieb ein ungutes Gefühl, doch er setzte seinen Sonntagnachmittagsspaziergang fort. «Was bin ich bloß für ein armseliger Philister», dachte er bei sich, «zum Frühstück jeden Morgen die Zeitung, nachmittags Kaffee und Kuchen und am Sonntag ein biedermeierlicher Spaziergang im Grünen - *quelle horreur*!» Wenn er jetzt noch als Beruf Antiquar angeben würde und einen regelmäßigen Kirchgang aufweisen könnte, dann würde er sich einen Gehrock anziehen, um das Klischee zu komplettieren. Doch er war Privatier und überzeugter Atheist, besaß eine Bibliothek radikaler Denker und glaubte an die Absurdität des Daseins, die Eigenverantwortlichkeit des Einzelnen für sein Handeln und folgte auch anderen existenzialistischen Maximen, allerdings ohne dies mit einem schwarzem Rollkragenpullover nach außen zu tragen. Er mied auch Kaffeehäuser, schlürfte keinen *café au lait* und pflegte nur selten intellektuellen Austausch mit Gleich- oder Andersgesinnten. Überhaupt konnte er Menschen oft nur für eine bestimmte Zeit ertragen, war nach einer solchen sozialen Interaktion meist völlig erschöpft, psychisch wie auch körperlich. Aus diesem Grund zog ihn auch der Wald immer wieder an, er bot eine gewisse Zuflucht, war schützend, hatte manchmal aber auch etwas Beängstigendes, eine natürliche Lebendigkeit, die potentielle Gefahr bedeutete.

Versunken in seine Gedankenwelt schlenderte er über den herbstlichen Waldboden, war aber gleichwohl wachsam wie ein Tier mit Fluchtinstinkt. Erneut dieses Geräusch, ein Rascheln, unbestimmt, aber in der Nähe. Wieder entdeckte er nicht das Geringste, der Wald verschluckte alles. Er entschied sich zur Umkehr, die Natur hatte ihm für heute genug Auf- und Anregung geboten, er sehnte sich nach seiner Mansarde, einem Heißgetränk und seinen Büchern. Doch noch einmal mußte er unwillkürlich innehalten, eine mächtige Eiche stand am Wegesrand, mit ausladenden, knorrigen Ästen, Jahrhunderte alt. Ehrfurchtsvoll blieb er vor diesem Wunder der Natur stehen, dachte an die Donareiche, die der Überlieferung nach der Hl. Bonifatius im Jahre 724 hier bei Geismar hatte fällen

lassen, um die heidnischen Germanen zu bekehren – eine missionarischer Glaubensakt oder geschickte Machtpolitik, je nach Standpunkt. Auch wenn ihm Religion an sich unheimlich war, fühlte er merkwürdigerweise Sympathie für die alten Germanen und ihr Faible für Baumheiligtümer, Orte göttlicher Epiphanie. Er wußte aber auch, daß er in diesem Moment ein Opfer romantischer Germanenphantasien des 19. Jhs. war – seine Gedanken drehten sich im Kreis. Ermüdet setzte er seinen Heimweg fort und als er wieder ein Geräusch hinter sich vernahm, war er auch zu erschöpft von seinen Gedankenspielen, um sich noch einmal umzudrehen.
Ein Fehler. Plötzlich ging alles rasend schnell, ein Schatten sprang ihn von hinten an, warf ihn zu Boden, holte aus und ließ eine Axt mit voller Wucht in seinen Nacken krachen, Knochen knirschten und der vom Rumpf getrennte Kopf rollte über den Waldboden, die Augen vor Erstaunen starr und geweitet. Der Schatten zog seines Weges. Ein paar Minuten später herrschte wieder Stille im Forst, nur das irre Grinsen des einzigen menschlichen Wesens auf weiter Flur verriet, daß etwas nicht stimmte.

Eine leichte Wanderung

Der Himmel verfinsterte sich, so dicht war das Schneetreiben, das ihn in Böen um die tief ins Gesicht gezogene Mütze pfiff. Der niedrige Voralpengipfel, der im Sommer von sanften Almwiesen geprägt war, auf dem in friedlicher Idylle Kühe grasten, hatte sich in eine Eishölle verwandelt. Das hölzerne Gipfelkreuz knarzte beunruhigend und trotzdem versuchte er, sich so eng wie möglich anzuschmiegen, um wenigsten ein minimales Gefühl von Geborgenheit zu spüren. Seinen Rucksack im Rücken, bot es zumindest so viel Schutz, daß es ihm nach dem schweißtreibenden Aufstieg durch den meterhohen Schnee ein wenig gelang, zur Ruhe zu kommen. Die Schneekörner peitschten ihm wie Nadelstiche ins Gesicht und als er es wagte, einen Handschuh auszuziehen, um an seinen Proviant zu kommen, wurden seine Finger schlagartig taub und weiß. Trotz der Widrigkeiten packte er schließlich sein in Butterpapier gewickeltes Marmeladenbrot aus und biß beherzt hinein. Nicht sehr geschickt, denn bei fast minus fünfundzwanzig Grad war die Erdbeermarmelade zu einer steinharten Paste gefroren, was ihn beinahe einen Schneidezahn kostete. Der mitgebrachte Tee war immerhin noch flüssig, aber ebenfalls nur kurz über dem Gefrierpunkt, so daß es ihm nach einem Schluck schon widerstand. Merkwürdigerweise wurde ihm trotzdem immer wohliger, von innen heraus schön warm; seine Augen fielen ihm langsam zu und er verspürte eine süße, angenehme Müdigkeit, mehr noch, es überkam ihn die Lust, sich einzurollen und zu schlafen. Doch dann bemerkte er voller Schrecken, was mit ihm passierte, Adrenalin schoß stoßweise durch seine Adern und plötzlich war er wieder hellwach, fröstelte und raffte sich auf. Nein! Das nicht, bloß nicht, den Erfrierungs- und Erschöpfungstod würde er nicht sterben, nicht auf diesem lächerlichen Hügel! Er verstaute alles wieder im Rucksack und machte sich durch den weiterhin dichten Schneesturm auf den Rückweg. Als er den schmalen Pfad durch den kleinen Fichtenwald, kurz vor der Alm, entlang ging, hörte er ein hölzernes Knirschen, dann ein kurzes Pfeifen. Er blieb stehen. Ein mächtiger schneebeladener Ast krachte aus den Wipfeln und begrub ihn unter sich. Der Wind ließ nach und es wurde still am Berg, nur die Schneeflocken wirbelten vor sich hin und wattierten die so friedlich scheinende Landschaft.

Höllenfahrt

Er wälzte sich in seinen Laken, schweißgebadet versuchte er den Alb abzuschütteln, doch es gelang ihm nicht. Immer wieder quälten ihn fiktive Kriegsbilder, die mal an die Radierungen aus den Schützengräben des Ersten Weltkrieges von Otto Dix gemahnten, mal an *Les Grandes Misères de la guerre*, die Gräuel des Dreißigjährigen Krieges von Jacques Callot oder an die Hinrichtungsszenen in den *Desastres de la guerra* von Francisco de Goya - ein chronologisch durcheinandergewürfeltes kunsthistorisches Folterpanoptikum. Doch selbst die quälendste Nacht neigt sich irgendwann ihrem Ende zu und so versuchte er, sobald der Schlaf aus seinen Augen wich, die Bilder der Dunkelheit abzuschütteln und so gut es ging in das Reich der Lebenden zurückzufinden. Ein schlecht gemachter starker Kaffee mit viel Bodensatz und eine Zigarette, die er, noch zittrig, anzündete, mußten reichen.

Es war bereits die dritte Nacht, die er so verbrachte, tagsüber wurde es kaum besser, alles schien sich ihm zu drehen, ein Sog versuchte, ihn in einen undefinierbaren Abgrund zu ziehen. Dabei hatte er alle Konzentration nötig, war es doch eine existentielle Frage für ihn, alle Krankheitsbilder, die er sich ausgewählt hatte, zu memorieren. Er studierte die Symptome von Paranoia, Schizophrenie, sozialer Phobie und diversen Psychosen, immer wieder, immer intensiver, bis zum eigenen Wahnsinn. Aus Tagen wurden Wochen, sein

Leben oszillierte zwischen Alpträumen, Hypochondrie, Angstzuständen und Komalernen, mit sichtbaren Spuren an seinem gepeinigten Körper. Ausgezehrt und mit tief liegenden Augen und eingefallenen Wangen bereitete er sich auf den Tag X vor. Es mußte funktionieren, er durfte nicht versagen.

Als schließlich der Tag des psychologischen Tests der Musterung kam, hatte er sich immer noch nicht für eine bestimmte Krankheit entschieden, die er simulieren wollte. Er fühlte sich wie im *autodafé* der Spanischen Inquisition, aber er wußte, daß er nichts gestehen würde. Sein Verstand war angegriffen, doch hellwach, Adrenalin pumpte durch seinen Körper wie kurz vor einem Todessturz. Niemals würden sie ihn dazu bringen dem Militär zu dienen, niemals, er war überzeugter Pazifist und lieber würde er die ganze Musterungsbehörde exekutieren, bevor er denen sein Leben anheimgäbe.

Kreuzberg

Der Anlaß seiner Reise nach Berlin war rein geschäftlicher Natur, irgendeine Konferenz zu einem wenig inspirierenden Thema, weitere Einzelheiten waren ihm entfallen. Er erinnerte sich allerdings noch gut daran, wie nutzlos ihm die Sitzung vorkam, eine Freakshow von Anzugträgern in einem der architektonisch langweiligen Glasbetonbürotürme in Berlin-Mitte, unglaublich fad, so daß selbst die gräßlich bittere Koffeinbrühe, die als Kaffee angeboten wurde, ihn nicht vor dem allgegenwärtigen Sekundenschlaf bewahren konnte, während einer der Schlipsfetischisten irgendeinen narkotisierenden Power-Point-Vortrag hielt und narzistisch nach Aufmerksamkeit der Vorstandsriege heischend sein nichtssagendes Konzept zu verkaufen suchte.

Aber auch so ein hirnzerfräsender Arbeitstag geht glücklicherweise mal zu Ende und kaum hatte er die Stätte geistiger Irrationalität verlassen und ein wenig frische Abgasluft am Potsdamer Platz getankt, ging's ihm auch schon erheblich besser. Schnurstracks marschierte er auf den nächsten Dönerladen zu, bestellte voller Heißhunger ein Kebab mit viel Knoblauchsoße und ein Pils zum Runterspülen. Die vollgekleckerte Krawatte entsorgte er samt dem anderen Müll und allen Unterlagen der Sitzung direkt am Stehimbiß. Jetzt fühlte er sich schon viel besser, vom Ballast des Tages befreit, innerlich wie äußerlich. Es war spätsommerlich warm und eine laue Brise fuhr ihm durch

die von Ärger und Angstschweiß feuchten Haare. Sein Plan war klar, ein paar Freunde hatten ihm geschrieben, daß sie sich in einer Bar, dessen Namen sie nicht wußten, an der Köpenickerstraße treffen würden, die zugehörige Adresse wurde mit «irgendwie weiter hinten» und «provisorischer Bau, halt typisch Berlin» umschrieben, man würde das dann schon erkennen.
Ihm blieb noch reichlich Zeit, da vor zehn oder elf von seiner Chaotentruppe sowieso keiner da sein würde, also entschied er sich gegen die Hochbahn und für einen Fußmarsch quer durch Kreuzberg, um den Kopf frei zu bekommen. Über die Stresemannstraße und den Mehringplatz arbeitete er sich in das Herz des Stadtviertels vor, beobachtete die Leute, die sich von Straßenzug zu Straßenzug veränderten, trank einen überteuerten Espresso in der obligatorischen Bergmannstraße und ließ sich durch ein paar wenig bekannte Seitenstraßen weitertreiben. Entgegen der pseudo-alarmierenden Zeitungsmeldungen, die durch die Republik geisterten, war keinesfalls ganz Kreuzberg gentrifiziert. Sicher gab es luxussanierte Altbauten mit Hipster-Eltern, die in ihrer eigenen gut situierten Öko-Selbstverliebtheit-Wohlfühlblase lebten, aber eben auch nicht wenige Sozialhilfeempfänger, echte Armut, gezeichnete Drogendealer und Konsumenten, Läden von Migranten in der soundsovielten Generation, die in einem kleinen Laden mit viel Neonreklame saßen und bewundernswert unverdrossen auf das *big business* hofften– wobei ein paar wenige von ihnen

diesem auch mit kriminellem Nebenverdienst ein wenig auf die Sprünge halfen – oder einfach das kleine Glück suchten.
So erreichte er am späteren Abend schließlich flanierend und sinnierend die Köpenickerstraße, die in mancher Hinsicht wirklich urban war: Zahllose Leuchtstoffröhren an diversen Eingängen zu Bars, Imbissen, Spätis oder sonstigen Lokalen sorgten für ein grell-buntes Licht, hupende Autos, die an einer der Engstellen vorbeiwollten, Touristengrüppchen, die entweder auf Abenteuer aus waren oder sich augenscheinlich verirrt hatten, sowie viele mehr oder weniger Angetrunkene, die sich wild gestikulierend unterhielten, manchmal auch mit den Fäusten. Eine bunte Mischung aus Bochum, New York und Istanbul an einer Straßenkreuzung.
Je weiter er sich vom Schlesischen Tor, dem Brennpunkt, entfernte, desto ruhiger wurde es, nur ab und zu drang noch Musik aus einer der immer weniger werdenden Bars an sein Ohr, blitzte ein Scheinwerfer von einer der Open-Air-Diskos herüber, bevor er wieder in das Halbdunkel der Straße eintauchte, die hier längst ihren Namen gewechselt hatte. Wahrscheinlich war er inzwischen weit über das Ziel hinausgeschossen und die Location, die seine Freunde angegeben hatten, lag längst hinter ihm. Dennoch, er ließ sich weitertreiben, genoß den nächtlichen Blick auf die Spree, ihr gleichmäßiges Plätschern und das Rauschen der Pappeln, die am Ufer standen und deren Äste sich bis aufs Wasser bogen. Nach einer Weile

bemerkte er ein Hausboot, das stärker beleuchtet war als die anderen und von dem gedämpfte Musik herüberpulsierte. Als er sich bedächtig näherte, registrierte er zu seinem Erstaunen, daß es nicht das übliche Chart-Gewumme aus schlechtem Hip Hop und undefinierbarem Elektro war, sondern nach Swing der Dreißiger klang. Interessiert kniff er die Augen zusammen, ob etwas zu erkennen war - augenscheinlich eine Privatparty, aber mit nicht unsympathischem Publikum. Obwohl er normalerweise eher zurückhaltend war, packte ihn auf einmal die Abenteuerlust und er schritt so unverfroren wie er nur konnte auf die Türsteher zu, die ihn zu seinem Erstaunen kommentarlos passieren ließen. Er bestellte sich einen Drink an der Bar und setzte sich entspannt auf eine der Holzbänke am Heck des Schiffes, schaute dem Treiben zu und genoß die Sommernacht am Kai.

L'immeuble – © Roger Montagne

Die Kuchenmatrix

Nein, heikel war er eigentlich nicht, was Essen anbelangte, aber wenn er schon mal eine öffentliche Restauration aufsuchte, dann sollte es auch passen. Den ganzen Morgen und frühen Nachmittag war er unermüdlich und hoch konzentriert durch die örtlichen Museen gelaufen, hatte die Exponate förmlich in sich aufgesogen, nebst den zugehörigen kunsthistorischen Informationen, war im Eiltempo weitere Sehenswürdigkeiten der Altstadt abgelaufen, hatte die einschlägigen Buchhandlungen und Antiquariate durchforstet, doch jetzt spürte er langsam eine gewisse Erschöpfung und vor allem nagte ein immer stärker werdender Hunger an ihm. Das auszehrende Gefühl wurde immer stechender, fraß sich tief in den Magen hinein und überlagerte schließlich alle weitere Gedankengänge. Ein komplettes Mittagessen kam nicht in Frage, das hätte zum einen viel zu lange zum Bestellen gedauert - er brauchte sofortige und massive Kalorienzufuhr - und zum anderen wollte er dann möglichst bald sein Programm weiter durchziehen. Also was Süßes und reichlich Koffein, das würde ihn wieder auf Spur bringen. Er hastete durch die Straßen und Gassen, suchte mit fieberhaftem Blick und glasigen Augen ein geeignetes Café. Nicht, daß es daran grundsätzlich mangelte, aber, zugegeben, er war diesbezüglich wählerisch. Sobald er ein Kaffeehaus erspähte, inspizierte er mit geschultem Blick die Kuchentheke und hielt nach einem Käsekuchen Ausschau; dieser mußte indes gewisse Anforderungen erfüllen: Schlechte Anzeichen waren beispielsweise ein Feuchtigkeitsfilm auf der Oberfläche, eine sich vorwölbende Kuchenkante, so daß das Randstück sich vom Topfen zu lösen begann, oder allgemeines Absacken - all dies deutete untrüglich daraufhin, daß der Frischegrad zu wünschen übrig ließ. Seine inquisitorische Überprüfung der einschlägigen Mehlspeisen erledigte er quasi im Vorbeigehen, oft konnte er den Zustand schon durch das Fenster des Lokals taxieren, manchmal schlich er möglichst unauffällig und schnell hinein bis zur Auslage und machte dann wieder kehrt. Gut und gerne zehn Cafés hatte er auf diese Weise bereits unter die Lupe genommen bis er schließlich fündig wurde. Ein unscheinbares kleines Ladencafé in der Altstadt, welches in einem der geduckten Häuschen mit Dachgauben beheimatet war, erregte seine Aufmerksamkeit und instinktiv folgte er dem Geruch von frisch gerösteten Bohnen und süßem Gebäck. Und tatsächlich, alles paßte, die Kuchentheke war einwandfrei, alles frisch, nichts vom Vortag, in der Ecke eine Siebdruckmaschine und daneben die Kaffeemühle. Er machte es sich an einem der runden Tischchen bequem, orderte das so heiß ersehnte Kuchenstück nebst einem kleinen Braunen mit Schlagobers. Er ließ die versilberte Gabel durch den frischen Topfen gleiten und gustierte. Der Käsekuchen setzte alle verfügbaren Glückshormone frei, der Zucker und das Koffein taten ihr Übriges - er war glücklich.

La mansarde – © Roger Montagne

Die Exkursion

Seit Tagen campierte er nun schon vor der Höhle, doch er kam keinen Schritt weiter und so langsam stellte sich bei ihm eine gewisse Frustration ein. Hier unterhalb des Tiroler Schneidjoches auf ungefähr 1440m Seehöhe befanden sich am Eingang einer kleinen Felshöhle Inschriften in einer nördlichen Variante des etruskischen Alphabets, die man gemeinhin als rätisch bezeichnet, ohne daß eindeutig zu bestimmen wäre, was oder wer die Räter einmal waren. Er war mit dem Anspruch angereist, den genauen Wortlaut zu rekonstruieren und zu übersetzen. Nicht, daß sich seit der Entdeckung im Jahre 1957 noch nichts getan hätte, doch die Wissenschaftler blieben in Diskussionen über Flexionsmorpheme, syntaktische Segmentierungen und etymologische Wurzeln einfach stecken, wobei es zumindest darüber eine gewisse *communis opinio* gab, daß es sich um ein Quellheiligtum handelte oder einen Kultplatz mit Weihinschriften, wovon die prominenteste folgendermaßen lautete: «kastri esi etuni mlapet ritali esi kastri miapet esi mnesi kastri mlaupe usipe chativ. miape esi elva. s. aveker. akve sakat. esta. s. atefakate kuse.»

Er war der Hoffnung verfallen, eine lokale Inaugenscheinnahme der verwitterten Inschrift, die auf ca. 500 v. Chr. zu datieren war, würde ihm neue Erkenntnisse bescheren, doch so sehr er sich auch bemühte, präzise alles wissenschaftlich zu erfassen, alle bisherigen Argumente erneut abzuwägen und gleichzeitig den *ge-*

nius loci auf sich wirken zu lassen, es gelang ihm nicht. Im Gegenteil, er fühlte sich zunehmend ausgelaugt, starrte immer öfter ins Leere, besser gesagt in die Weite der Gebirgslandschaft, über die Almen, die Bergrücken und Gipfel der Brandenberger Alpen.

Am vierten Tag seiner Exkursion warf er nur noch einen müden Blick auf die Inschrift und beschäftigte sich mit Holzsammeln für sein abendliches Lagerfeuer, streunte über die Wiesen und hielt Ausschau nach Blaubeeren und sonstigen Ergänzungen seines kargen Speiseplans. Am fünften Tag packte er seine Aufzeichnungen zusammen, löste seinen Schlafplatz auf und schulterte seinen Rucksack zum Aufbruch. Doch anstatt ins Tal abzusteigen, schlenderte er in aller Ruhe entlang des markierten Wanderweges zum nahegelegenen Gipfel. Der Morgendunst lichtete sich, als er auf dem sanften mit Latschenkiefern gesäumten Sattel ankam, wo sich der Weg geradeaus weiter in Richtung des mächtigen Guffert schlängelte und rechter Hand zur Spitze des Schneidjoches abbog. Er wählte den nur noch andeutungsweise vorhandenen Pfad zum höchsten Punkt des Kammes und nach nur einer halben Stunde stand er oben, blickte auf die zackigen Felsgrate des Karwendels, die markanten Gipfel des Rofans und den Höhenrücken der Blauberge. Er setzte den Rucksack ab, machte es sich bequem und packte einen letzten Brotkanten und eine Landjäger aus. «Eine Gurke wäre noch gut», dachte er bei sich, ansonsten war er rundum zufrieden. Die Wissenschaft schien auf einmal weit weg, seine Probleme blieben ungelöst, sein hehrer Anspruch unerfüllt, das hatte er akzeptiert – zumindest hier und jetzt.

Wie würde es weitergehen? Er wußte es nicht und irgendwie war es ihm im Augenblick auch egal. Sicher, die Situation war nicht einfach für ihn, schließlich hatte er Forschungsgelder verschwendet, seinen Chef als «engstirnigen Philister», «geistige Mikrobe» und «hypokriten Lakaien des akademischen Nepotismus» beschimpft, weil er das Unternehmen für unsinnig hielt, sowie beim Aufbruch seine Frau, die über den Ausflug ebenfalls ungehalten war, mit den überheblichen Worten abgekanzelte, «seine Mätresse sei eben die Wissenschaft». Definitiv keine gute Ausgangslage für eine Heimkehr, also blieb er einfach sitzen.

Mezzogiorno

Ein kühler Novemberwind fegte durch die leeren Straßen der Stadt, wirbelte alte Plastiktüten auf und trieb leere Dosen und Flaschen vor sich her. Die Häuserschluchten waren monoton chaotisch, die typische moderne Architektur des verarmten Südens prägte das Viertel, das ein Teil des Zentrums gegenüber dem mittelalterlichen *borgo* war. Die einförmige Betontristesse der Wohnblocks bekam eine gewisse eigenständige Charakteristik durch die zahlreichen Satellitenschüsseln, die individuell windschief von den Balkonen blickten, verstrickt in Wäscheleinen, an denen bunte Kleidungsfetzen hingen, die im Wind gegen die abgebröckelten Fassaden peitschten.

Die Hände fröstelnd in den Taschen vergraben, kämpfte er sich langsam durch die Straßen, wagte kaum den Blick zu heben, wenn er mal an einem der Balkone einen Menschen erspähte, der geschäftig irgendwelchen Kleinkram sinnlos von einer Ecke in die andere räumte und ihn dabei immer wieder unverhohlen zu beobachten schien - die *omertà* war überall spürbar und schuf eine Atmosphäre des Unwohlseins. Nach einer schier endlosen halben Stunde sah er rechter Hand ein erleuchtetes Café, auf das er erleichtert zusteuerte. Hier tat sich wundersamerweise eine ganz andere Welt auf, alles war *pulito*, ein schickes Interieur, ansprechende Appetithäppchen mit Oliven, Schinken und Käse, frische Orangen und über allem schwebte der Duft des Kaffees. Er stellte sich nonchalant zwischen die gut gelaunten Herren *al banco* und bestellte einen *caffè, un liscio.* Es herrschte das typische geschäftige Kommen und Gehen, das immerwährende Geplauder wie in jeder italienischen Bar und selbst hier im tiefsten Süden, dem verarmten *Mezzogiorno,* waren die Besucher immer *alla moda,* er selbst als Reisender hingegen kleidungstechnisch zwar nicht touristisch auffällig, aber fast grenzwertig schlicht. Er genoß das Treiben, das *chiacchierare,* das an sein Ohr brandete und ihn schläfrig machte. Nach dem dritten Espresso schien es ihm dann aber doch angebracht wieder zu gehen, um nicht weiter aufzufallen.

Die Unwirtlichkeit draußen hatte sich nicht verändert, aber leicht beschwingt von seinem Aufenthalt im Café und dem Koffeinschub gelang es ihm, die urbane Ödnis besser zu ertragen. Relativ zielstrebig navigierte er nun anhand eines verknitterten Stadtplans durch die Straßenzüge nach Osten, wo sein eigentliches Ziel lag, eine griechisch-römische Ausgrabungsstätte, Teil der antiken Vorgängerstadt. Er imaginierte schon malerische Säulenreste, die gegen den Himmel ragten, umgeben von einem Pinienhain, und den Blick von der Anhöhe einer *akrópolis* auf das nahegelegene Meer, den blauen Golf von Tarent. Mit aller Muße würde er die dorischen Säulen betrachten, ihre Kanneluren und Kapitelle, die Architrave, soweit vorhanden, dann würde er über die ehemalige Vorhalle, den Pronaos, in die Cella und das Adyton, das Allerhei-

ligste, schlendern und das antike Leben auf sich wirken lassen.
Während er so vor sich hinträumte, näherte er sich zwar laut Stadtplan der Stelle der archäologischen Grabungsstätte, hatte aber immer noch nicht die gelbgrauen Wohnblöcke verlassen, im Gegenteil, er befand sich in einem Viertel, das den Übergang zwischen einem Vorort und der Industriebrache markierte - er wurde zunehmend unruhiger. Nach weiteren zehn Minuten Fußmarsch, nicht ohne innere Anspannung, stand er endlich vor seinem erträumten Ziel.
Es war frustrierend und desillusionierend: zwei stark beschädigte, eher niedrige, griechische Säulen standen auf einem verwitterten Vorplatz mit spärlichen Mauerresten, eingerahmt von riesigen, heruntergekommenen Wohnblöcken auf der einen Seite und Werkstattbauten einer *zona industriale* auf der anderen Seite. Gras und Sträucher sprossen zwischen den Mauerblöcken, alles war mit Müllresten überlagert und ein verrostetes Eisengitter zäunte das überschaubare Areal ein - betreten verboten, was aber wohl keinen interessierte. Er konnte es nicht fassen, die Zeugnisse der *Magna Graecia* mit Füßen getreten, das ging ihm persönlich nahe, nagte an seiner historischen Empathie.
Erschöpft setzte er sich auf den staubigen Boden, lehnte sich an das schwarze Eisengitter und schloß die Augen. Zweifellos, die Menschen hatten hier andere Probleme, existentiellere als sich um die Ruinen der Vergangenheit zu kümmern, aber gab es keine Verpflichtung der Gemeinde, des Staates, das *patrimonio*

culturale zu erhalten? Vielleicht sah er das aber auch zu museal-konservatorisch, schließlich waren die Reste ja noch vorhanden, womöglich Teil einer gelebten Tradition der Selbstverständlichkeit von sichtbarem Werden und Vergehen - oder doch nur mafiöse Schlamperei? Während er so vor sich hin haderte, schlief er an diesem windgeschützten Platz einfach ein und irgendwann träumte er von antiken Stätten, die in bukolischem Idyll wiederauferstanden waren, eine Bilderbuchantike à la Winckelmann. Als er wieder aufwachte war es Nacht. Irritiert über die Realität rappelte er sich auf und trat den Rückweg an.

L'arrière-cour – © Roger Montagne

Das Grab

Als sie kürzlich zum Frühstück die lokale Tageszeitung aufschlug, prangte dort als Überschrift in großen Boulevardlettern «Aktuelle Bestattungstrends: See, Urne, Baum». Offensichtlich ist immer mehr Leuten die standardmäßige Beerdigung in einem Holzsarg, der meist an eine Schrankwand des Gelsenkirchener Barocks erinnert, einfach zu langweilig und sie wählen vermehrt eine alternative Bestattung. Praktischer für die Angehörigen ist es allemal. So erübrigt sich bei einer Seebestattung die teure und mühselige Grabpflege mit Stiefmütterchen zweiter Wahl vom monopolistischen Friedhofsgärtner und bei einem Urnenplatz reicht es völlig, wenn die Nachkommenschaft wie bei einem Adventskalender das richtige Türchen auswählt; man ist dann bis zur nächsten Generalsanierung des Betons des Kolumbariums beschäftigungslos bzw. maximal dazu angehalten, einen Gruß im Vorübergehen zu entbieten oder unbemerkt im Nachbargrab ein Blümchen zu dislozieren. Eine Baum- oder Waldbestattung ist ebenfalls geringstmöglich invasiv für die Betreuenden, obwohl es natürlich moralisch nicht einwandfrei ist, unseren Freund den Baum ungefragt mit den sterblichen Überresten unserer Anverwandten als Düngemittel zu beglücken; weitere Belästigungen hat er dann aber wohl kaum zu befürchten, denn wer kann schon heutzutage noch eine Esche von einer Erle oder Ulme unterscheiden. Die Wahrscheinlichkeit, daß ein Besucher eines Fried-

hains nach ein paar Jahren noch weiß, wo er den Großonkel verscharrt hat, ist da nicht besonders hoch. Sie sinnierte so vor sich hin und es schien ihr absolut natürlich, daß auch so wenig erfreuliche Aspekte des Lebens der Mode unterworfen sind, warum auch nicht, schließlich lösten schon in früheren Zeiten Erd- und Feuerbestattung in Trendzyklen einander ab, so wie irgendwann nach der Glockenbecherkultur die Urnenfelderkultur kam und danach, also recht viel später bei den Römern, gab es beides. Das wiederum war nicht recht verwunderlich, denn die Römer waren sowieso eher praktisch veranlagt, gerade was die religiösen Vorstellungen anbelangte.
Sie fing an abzuschweifen, träumte vor sich hin, schob ein Croisssant nach dem anderen in sich hinein, was ihr erst so richtig bewußt wurde, als ihr der Kaffee zum Nachspülen ausging. «Wie möchte ich denn eigentlich beerdigt werden?», fragte sie sich, während sie weiterkaute und die Bäckertüte zusammengeknüllt unter die Zeitungen stopfte, damit alles sauber aussah. So wirklich hatte sie bisher darüber noch nicht nachgedacht. Wohl auch, weil die eigene Vergänglichkeit ein ideales Verdrängungsthema ist, ein Vanitas-Motiv, das zum Wegschauen einlädt.
Vielleicht - so kam sie nach einiger Zeit zu dem Schluß - ist es auch gar nicht so schlecht, überhaupt keinen Erinnerungsort zu hinterlassen, sich auf diese Memorialkultur überhaupt nicht einzulassen, das holt einen in die rauhe Wirklichkeit der eigenen Mediokrität zurück.

Die Gletscherspinne

Erschöpft ließ er sich in den Schnee fallen, setzte sich einfach dorthin, wo er eben noch stand, unfähig auch nur noch einen Schritt vorwärts zu gehen. Stundenlang hatte er sich schon voran gekämpft, immer weiter bergauf, erst gemächlich den Talkessel entlang, dann über einen steilen Aufschwung in eine weitere Senke, von dort über die schier endlosen Geröllmassen der Endmoräne bis zum Gletschertor, das er links umgangen hatte, um über eine Seitenmoräne ohne Abbruch auf den weniger zerklüfteten Teil des Firns zu gelangen.

Nun saß er regungslos in gut über 3000 m unterhalb des Kares, das den felsigen Gipfelaufschwung markierte, und rang verzweifelt nach Luft. Still war es hier heroben, fast völlig geräuschlos, wie man es in der Stadt gar nicht mehr gewohnt war und selbst in den meisten ländlichen Regionen ebensowenig. Es war weitgehend windstill, nur ab und zu hörte man ein leichtes Pfeifen von den Scharten, die weiter oben den tiefblauen Himmel zerrissen. Und manchmal gluckste und knarzte es - zweifellos, der Gletscher lebte und war immer in Bewegung. Er konzentrierte sich aufs Atmen und wurde immer ruhiger, langsam breitete sich eine wohlige Wärme in ihm aus. Obwohl er wußte, wie gefährlich das war, fand er kaum die Kraft seinen Blick vom Horizont zu lösen, an dem sich Bergketten und Grate in der Unendlichkeit verloren.

Was tat er eigentlich hier oben, warum die überhastete Abreise, die Flucht in diese entlegene Höhenregion, ohne dezidierte bergsteigerische Ambitionen? So ganz war ihm das auch nicht klar, nur dort bleiben, wo er herkam, das war ihm auf jeden Fall unmöglich geworden. Er wußte ob seiner Verantwortungslosigkeit, seiner Familie gegenüber, seiner Arbeit, seinen Mitmenschen, die ihm vertraut hatten, aber er hielt es einfach nicht mehr aus. Er hatte aufgehört zu funktionieren!

Wenn er sitzen bliebe, würden sich alle Probleme von allein lösen, dachte er bei sich und merkte bereits, wie unempfindlich gegen Schmerzen er durch die Erschöpfung geworden war. Verwundert blickte er auf seine aufgerissene Gamasche und die alte Cordhose. Irgendwann war er wohl unachtsam mit seinen Steigeisen in seiner rechten Wade hängengeblieben und hatte sich alles aufgeschrammt. Aber das war jetzt ja egal. Er nahm die Gletscherbrille ab und starrte in das gleißende Licht des endlosen Firns, schloß die Augen und fühlte sich wohlig und leer.

Als er nach ein paar Minuten die Augen doch wieder aufschlug, bemerkte er vor sich einen schwarzen Punkt, der sich ruckartig bewegte. Eigentlich ist in dieser Höhe alles leblos, nur Staubkörner oder kleine Steinchen werden als Partikel manchmal vom Wind über das Weiß getrieben. Als der Punkt jedoch dann deutlich selbstbestimmt näherkam, erkannte er eine flinke Gletscherspinne, die sich ihren Weg über die Riefen des Eises bahnte. Welch einen Weg dieses Tierchen mit seinen ungleich langen Beinen wohl zurückgelegt hatte, sinnierte er und war irgendwie beeindruckt.

Weitere fünf Minuten blieb er sitzen und dann faßte er einen Entschluß. Er rappelte sich mühsam auf, klopfte den Schnee aus seinen Beinkleidern, nahm den Pickel in die Hand, riskierte noch einen Blick nach oben in den schwarzen Granit und die Séracs und drehte um. Seine Schritte lenkte er jedoch nicht talwärts, sondern er querte zu einem nahegelegenen Sattel. Er wußte, daß sich dort ein Übergang nach Italien befand. Ganz konkret war sein Plan noch nicht, aber er wollte nach Süden, irgendwie, und was Neues erleben, irgendwo, nur zurück, zurück würde er niemals mehr gehen.

Der Stadtrundgang

Eigentlich haßte sie Besichtigungen, aber dieses eine Mal hatte sie sich entschlossen, der Einladung des freundlichen Reisebegleiters aus dem Hotel Folge zu leisten, und ließ sich zu einem historischen Stadtrundgang überreden. Die kleine Lagunenstadt Grado war im Spätherbst zwar nicht menschenleer, doch das Touristenaufkommen hielt sich in Grenzen und so konnte man die Strandpromenade genauso in Ruhe entlangflanieren wie die sonst übervollen Einkaufsstraßen. Seit drei Tagen war sie bereits hier und genoß die Ruhe, war froh, der Alltagshektik des tristen Nordens entflohen zu sein, aber so langsam wich die Entspanntheit und mündete in Langeweile.
Die Stadtführung begann kurz nach dem Frühstück und führte zunächst an den Hafen, von wo aus man die Lagune überblicken konnte. Nach einigen endlosen Ausführungen zu historischen Frühzeit der Stadt und ihrer Lage setzte sich der Trupp in Bewegung und die meist älteren Herrschaften schritten munter schwatzend aus und traktierten den *Cicerone* mit tausend Fragen, die dieser aber routiniert und freundlich beantwortete. Nur sie selbst wurde zunehmend gereizter. Bereits nach der dritten historischen Station ließ sie sich unbemerkt zurückfallen und bog schließlich zügig um eine Ecke in eine kleine Seitengasse, um dem kollektiven Touristenwahnsinn zu entkommen. Nach weiteren drei Abzweigungen war sie sich sicher, daß die Rentner-Gang samt *Tourist-Guide* sie nicht

mehr finden würde. Erleichtert und genervt zugleich verlangsamte sie ihren Schritt und fing ganz unmerklich an, sich für die alten Häuser und Kirchen des *centro storico* zu interessieren. Irgendwie fühlte sie, daß sie nach und nach von den Gassen aufgesogen wurde, ihr Rhythmus adaptierte sich endlich an das Leben hier, *pian piano*. Es war plötzlich anders als die Tage zuvor, als sie nur den Kopf frei bekommen und von nichts und niemanden belästigt werden wollte.

Nach weiterem aufmerksamem Schlendern durch das Gewirr der Altstadt fand sie sich wie zufällig am Eingang einer kleinen, offenbar sehr alten Kirche wieder. Sie spürte, daß sie eintreten mußte und öffnete die alte Holztür unter dem schmucklosen Tympanon. Fahles Licht fiel auf den dreischiffigen Innenraum, die Säulen mit den teilweise akanthusgeschmückten Kapitellen und die mit filigranen Säulen versehen Chorschranke. Unwillkürlich heftete sich ihr Blick auf den Fußboden, der im rechten Seitenschiff und an der Abside ein römisches Mosaik beherbergte, das sie in seinen Bann schlug. Lange stand sie davor und ließ sich von den Mustern gefangennehmen, versuchte, alle Details aufzusaugen, war so fasziniert von diesen tausenden sich zu einem organischen Ganzen fügenden *tessere*, daß sie sich irgendwann mit brennenden Augen erschöpft auf eine der Kirchenbänke fallen ließ. Nur langsam fand sie aus dem Farblabyrinth wieder hinaus und atmete, noch immer ganz gefangen von diesem Ort, tief durch. Erst jetzt fand sie die Kraft, über die eigentlichen Gründe für ihren Spontanurlaub nachzudenken. Da waren sie wieder, die Bilder von der tropfenden Bürokaffeemaschine, dem Rattern des Kopierers, dem Surren des Ventilators im Gehäuse des Rechners, dem flackernden Bildschirm, der blinkenden Telefonanlage, dem schrillen Neonlicht der Deckenbeleuchtung und vor allem: die anderen Mitarbeiter, ihr Gemurmel, ihr Geschnaufe, ihre Ausdünstungen und überhaupt ihre Präsenz, ihre stetige Anwesenheit, der man kaum entfliehen konnte. Würde man sie alle samt den Kopierern, Computern, Tastaturen und Aktenordnern in eine überdimensionale Saftpresse stecken, das Ganze mit zehn Kannen Bürokaffee würzen und schließlich in einem Brennkessel erhitzen, dann käme das giftigste Destillat der Welt heraus.

Vielleicht hätte sie an besagtem Tag doch nicht vor Wut ihren PC inklusive Monitor aus dem Fenster schmeißen sollen, nur weil ihr mal wieder in einer der hastigen Schein-Mittagspausen der Kaffee in die Tastatur gekippt war und die Brotzeitdienstekelsemmel schon wieder mit den ihr verhaßten Gurken belegt war.

Ötztal

Längst hatte das Frühjahr eingesetzt, die Sonne hatte ihre Kraft entfaltet und man konnte dem Schnee beim Schmelzen zusehen. Am Talgrund waren die Wiesen bereits seit geraumer Zeit von sumpfbraun in ein sattes Grün übergegangen und überall blühte es in facettenreicher Farbenpracht, nur auf den Gipfeln und in den oberen Hanglagen war die Schneedecke noch geschlossen und der Winter wollte nicht weichen. Er liebte diese Jahreszeit, die einen alle Klimazonen der heimischen Alpen so intensiv erleben ließ. Seit fünf Uhr früh war er auf den Beinen, um sicher zu sein, vor den ersten wärmenden Sonnenstrahlen die hochgelegene Alm erreicht zu haben, um die Tour vor Mittag beenden zu können, so daß die Lawinengefahr kalkulierbar blieb. Die ersten gemächlichen Schritte mit den Skiern waren immer die schwersten, wenn man in dieser Höhe von über 2000m startete, doch bald akklimatisierte er sich ein wenig in der frischen und zunehmend dünner werdenden Höhenluft. Nach gut einer Stunde über den noch hartgefrorenen Frühjahrsfirn weitete sich langsam der Blick auf die andere Talseite und die mächtigen Gletscherriesen des Ötztals reihten sich vor seinem Auge auf; tiefe blau leuchtende Spalten, wilde Felsgrate und überhängende Wächten, von denen der eisige Wind wilde Schneefahnen aufwirbelte, die in den Himmel stoben. Er hielt inne und sog das atemberaubende Panorama in sich auf, versuchte es abzuspeichern, damit es nicht verloren ginge.

Stetig schritt er voran, lauschte nur dem schlurfenden Geknister und seinen Fellen, dem Knarzen der alten Skischuhe und dem Pfeifen des Höhenwindes. Nach einer weiteren Stunde erreichte er die Ausläufer eines Kars, das rechter Hand von einem mächtigen Lawinenkegel bedeckt war, den er vorsichtig, den labilen Hang im Auge behaltend, umging. Nun hatte er nur noch diesen Abbruch zu überwinden, dann wäre er am Skidepot und der letzte und spannendste Abschnitt der Tour würde beginnen. Jetzt hier, so knapp über der 3000m-Grenze verlangte die dünne Höhenluft ihm alles ab, der Schädel pochte, das Atmen ging in ein beständiges Keuchen über und alles wurde schleppend langsam. Dann endlich der ersehnte Rastplatz an einer Scharte. Er schnallte die Ski ab, gönnte sich einen Schluck zu trinken, löste den Pickel von seinem Rucksack und zog sicherheitshalber die Steigeisen an. Ein rascher Blick die letzten Meter des Firn- und Felsgrates empor – Erleichterung, keiner war seit dem letzten Schneefall vor ihm dagewesen. Bedächtig setzte er seine Schritte, immer prüfend, ob der Firn ihn tragen oder, ob er wie so manches Mal, bis zum Knie durchbrechen würde. Die Bedingungen schienen optimal zu sein und so sicherte er sich mit dem Pickel seitlich gegen den vereisten Hang und rammte routiniert die Zacken seiner Steigeisen in den harten Schnee, gewann Schritt für Schritt an Höhe und bewältigte schließlich ohne weitere Probleme die letzten

Meter bis zum Gipfel. Oben angekommen genoß er mit tiefster Befriedigung den Rundblick, ein Alpenpanorama, das bis in die am Horizont erkennbaren Dolomiten Südtirols reichte; im Tal kontrastierte das tiefe Grün mit dem gleißenden Weiß seiner Umgebung und wenn er auf den eben erklommen Grat zurückblickte, so erkannte er ganz schwach seine Aufstiegsspur, dort wo der Schnee mitunter doch ein wenig nachgegeben hatte. Obwohl er natürlich wußte, daß er hier sicherlich nicht der erste war, fühlte es sich an solch einsamen Tagen immer so an – allein in der Weite der hochalpinen Natur, weit weg vom Alltagschaos seiner Heimatstadt.

Wohl würde er wieder zurückgehen, doch für den Augenblick zählte nur das Hier und Jetzt. Für einen kurzen Moment flackerte in ihm eine bildungsbürgerliche Attitüde auf und er wollte ein wenig in Petrarcas *Besteigung des Mont Ventoux* blättern, so wie jener einst in seinem geliebten Augustinus, doch dann verwarf er diesen Gedanken und gab sich ganz der wohltuenden Einsamkeit und inneren Betrachtung hin.

Wieder so ein Tag

Der blaue Dunst seiner Zigarette zirkelte in den Abendhimmel, der sich wenig einladend über den Dächern der Stadt in schlierigen Wolken zeigte, die von blinkenden Sendemasten und anderen urbanen Konstruktionen durchstoßen wurden. Sinnierend lehnte er an der Seiteneinfassung seines Balkons, diesem beton-stählernen Ausguck auf die Industrietristesse, und blickte in die Ferne des städtischen Einheitsgrau. Das nicht mehr optimal kalte Bier stand auf dem blechernen Fenstersims in Reichweite, so daß der öde Nikotingeschmack mit abgestandenem Hopfenmalz heruntergespült werden konnte. Im Prinzip genau die passende Mischung zum heutigen Arbeitstag. Alles fühlte sich bitter, bedrückend und irgendwie ungesund an.

Der Smog brannte in seinen Augen und er schlurfte verdrossen zurück in seine Wohnung, wo er sich erschöpft auf sein altes, braunes Sofa fallen ließ. Nach einigen Minuten des Verharrens fing er wieder an zu denken. Sein Zustand besserte sich mitnichten und so beschloß er zur Abwendung einer herannahenden völligen geistigen Lähmung in die Eckkneipe des Viertels zu gehen, um wenigstens angesichts anderer Menschen sich einen Rest von Selbstachtung und Würde aufrechtzuerhalten. Die ersten Schritte an der scheinbar frischen Luft taten jedenfalls gut. Die Tatsache, daß er es heute geschafft hatte, durch seine Ungeschicktheit seinem Chef einen Auftrag zu vermasseln, sich mit drei von vier Kollegen zu zerstreiten, dass sein Auto endgültig den Geist aufgab, und zwar günstigerweise in einem Waldstück ohne Netzempfang, er die letzte Chance, seine fast-Freundin bei Laune zu halten, verstreichen ließ und er schließlich beim Schwarzfahren erwischt wurde, weil er sein Geld im kaputten Auto vergessen hatte, schaffte er immerhin für circa zehn Minuten auszublenden. Ein guter Tag sah irgendwie anders aus. Vor dem Eingang des bierseligen Lokals hielt er kurz inne und sog die Dampfschwaden auf, die aus dem Inneren nach draußen quollen, bevor er dann mit Schwung die Tür öffnen wollte, die aber in diesem Moment von innen aufging und ihm mit voller Wucht gegen den Kopf gehauen wurde, so daß er benommen zurücktaumelte. Er fluchte wild vor sich hin. Der Tag war ja schon beschissen genug, jetzt auch noch das. Als er aufsah und den Unhold zur Rede stellen wollte, blickte er direkt in das verwirrte Gesicht einer Kollegin aus der Nachbarabteilung, die fröhlich meinte: «Das ist ja ulkig. Ich hätte ja nie gedacht, daß Sie in solchen Etablissements verkehren!»

Sein Kopf dröhnte und immer noch leicht benebelt, konnte er die Dame in leitender Funktion nur nach und nach einordnen. Verstört antwortete er: «Ja, na ja, ich…also Sie hätte ich aber auch nicht hier erwartet.»

Sie lächelte: «Man hat ja auch noch ein Leben jenseits der Arbeit, oder?»

Er nickte vielsagend und vielleicht ein bißchen zu heftig.

«Ich wollte zwar gerade eine rauchen gehen, aber ich komm' wieder mit rein und geb' Ihnen was aus, ist ja das Mindeste, nach der Türkollision – was meinen Sie?»

Treffpunkt

Er faßte entschieden an die Krempe seines Fedora-Hutes und rückte ihn zurecht, ordnete Krawatte und Hemdkragen, zupfte den Zweireiher in Form und griff schließlich auch äußerlich gewappnet zum Hörer des schwarzen Bakelit-Apparates auf dem aparten dafür vorgesehenen Beistell-Tischchen. Mit sonorer Stimme verlangte er eine Verbindung ins East Village und wartete ungeduldig. Als sich endlich jemand am anderen Ende der Leitung meldete, raunte er nur kurz in die Sprechmuschel «Heute Abend, Viertel nach elf, 2nd Ave» und legte wieder auf.

Er hatte jetzt noch drei Stunden Zeit alles vorzubereiten - das war nicht allzu lang. Er holte seinen Mantel vom Haken, kontrollierte nochmal seinen Smith & Wesson 9mm, ließ die Trommel zuschnappen, sicherte und versenkte ihn in der Manteltasche. Die Tür sorgsam verriegelnd verließ er das Appartement in der Canal Street, Lower Manhattan. Die Straße dampfte nach dem abendlichen Regen in der Dämmerung, die Gerüche der Metropole drückten schwer. Zunächst würde er das Fluchtauto besorgen, professionell, dezent, wie immer; dann würde es Zeit sein, alle anderen einzuweihen, so kurzfristig wie möglich, das war das Sicherste.

Heute Abend würde alles gelingen, dessen war er sich sicher und dann, dann würde er nicht so naiv sein wie alle anderen und versuchen, nach Mexiko über die Grenze zu entkommen, sondern einfach wieder in sein Appartement zurückgehen, abwarten und schließlich in aller Ruhe mit gefälschten Papieren nach Europa einschiffen – niemand würde ihn je finden.

Schild

Warum ist alles so gekommen, warum genau so und nicht anders, warum all die Jahre?
Erschöpft sank er auf die Knie, blickte verzweifelt auf den Waldboden, knickte in sich zusammen und erschauderte seufzend. Sein Kopf fühlte sich leer an, sein restlicher Körper wie eine nutzlose und kraftlose Hülle und sein Blick erstarrte, langsam sich dem Irrsinn hingebend.
Doch bevor der Wahnsinn vollständig von ihm Besitz ergriff, erarbeitete sich eine Ameise seine Aufmerksamkeit, indem sie sich beharrlich mit einem für sie überdimensionalen Brotkrumen abmühte, den sie wohl in ihre Wohnstatt zu verschleppen suchte. Zunehmend interessiert beobachtete er seinen neuen chitingepanzerten Gefährten im Geiste. Während sein eigenes Leben sich sisyphosartig von einer Absurdität in die nächste rollte, ohne daß er daraus den philosophisch postulierten inhärenten Moment der Zufriedenheit oder gar des Glücks erlebte, geschweige denn anvisierte aristippeische Glücksakkumulationen, schien das Bodeninsekt in der scheinbaren Absurdität seines Handels eine sinnvolle Aufgabe zu erblicken. Nun ja, besann er sich, der Erkenntnismoment einer Lebensform mit rudimentärem Cerebralganglion war wohl begrenzt, trotzdem glaubte er an sie, die *formica*, die fabelhafte.
Um der geistigen Zersetzung zu entkommen, so stellte er für sich eine These auf, würde er sich einen inne-

ren Schild, eine Ameisenpanzerung zulegen und zudem würde er sein Denken so weit reduzieren, bis nur noch die nötigsten Vitalfunktionen aktiv wären, jedwede weitere Denkleistung verursachte ja sowieso nur Probleme, philosophierte er düster vor sich hin, war aber gleichzeitig beschwingt ob der neuen Überlebensstrategie.

Crudo

Der Kies des weißgeschotterten Feldwegs knirschte unter seinen Sohlen, die Hitze flirrte über der Macchia und der Schweiß tropfte ihm von der Stirn. Die alte italienische Kriegsstraße wand sich Kurve um Kurve nach oben, passierte Abgründe und seitliche Schluchten mit ausgetrockneten Bächen, doch zuverlässig ließ sie den Wanderer Höhenmeter für Höhenmeter gewinnen, während der See in der Tiefe mit seinem kalten klaren Blau immer kleiner wurde. Irgendwann schließlich, als er die steinernen Begrenzungsmarkierungen in einem Dehydrierungsdelirium nur noch verschwommen wahrnahm, frischte nach einer von gefühlt hundert Biegungen der Wind auf und brachte die erhoffte Erleichterung einer kühlen Brise. Er nahm seinen durchfeuchteten Filzhut ab und ließ sich das hochrote Gesicht kühlen, warf sein Jackett an den Wegesrand und breitete die Arme aus. So stand er fast fünf Minuten unbeweglich, bis er sich ein wenig besser fühlte, riskierte dann einen zaghaften Blick nach oben und erkannte die Paßhöhe in greifbarer Nähe. Er atmete noch einmal tief durch und entschloß sich, seine letzten Kräfte zu mobilisieren.

Dort oben war der vereinbarte Treffpunkt, seine Chance für einen Neuanfang. An der verlassenen *baita* würde heute Abend die Übergabe der Papiere stattfinden und mit einem neuen Paß hätte er die Möglichkeit, unbemerkt ins Ausland zu entkommen.

Alles war schiefgelaufen - er hätte sich nicht wehren sollen bei dem Überfall; ein harmloser Straßenraub in einer sizilianischen Kleinstadt hatte sein Leben verändert. In jedem Touristenführer steht, man solle sich passiv verhalten, doch er hatte sich in eine Rangelei verwickeln lassen, wollte sich partout von einem kleinen Ganovenmesser nicht einschüchtern lassen und konterte mit einem französischen Springmesser, nur zur Abschreckung gedacht, aber dann eskalierte die Situation, weitere Komplizen eilten herbei und in der engen Gasse entstand ein Handgemenge. Am Ende fand seine Klinge ihren Weg. Ihm war, völlig adrenalinberauscht, auch nicht mehr ganz klar, wie genau alles ablief, doch das Ergebnis war eindeutig: Sowohl die örtlichen *Carabinieri* als auch das organisierte Verbrechen waren hinter ihm her, kaum war er in der Menschenmenge abgetaucht. Die weitere Flucht war ein Alptraum. Er versuchte so schnell wie möglich, die Insel zu verlassen und die Fähre zu erreichen, danach nahm er abwechselnd den Zug oder örtliche Linienbusse und arbeitete sich nordwärts. Sicher, er hätte sich auch den Behörden stellen können, aber wie könnte er gegen wahrscheinlich unzählige gekaufte Zeugen und korrupte Beamte bestehen, zumal selbst unter größtmöglichster rechtsstaatlicher Transparenz der Besitz und vor allem der Gebrauch eines mitgeführten Messers ihn in keinem guten Lichte hätte dastehen lassen.

Aber er überließ sich nicht der Verzweiflung, entwickelte unterwegs eine gewisse Routine im Erkennen von gefährlichen Situationen, ging instinktiv jeder Polizeipräsenz aus dem Weg, achtete minutiös auf Auffälligkeiten in seiner Umgebung und bewegte sich angepaßt und damit quasi unsichtbar. Er vermied längeren Kontakt mit Personen, die ihn wiedererkennen könnten, hatte gleich zu Beginn sein Handy entsorgt und einmalig reichlich Bargeld abgehoben, er war für niemanden existent.

Die lange Bergstraße hinaufzuwandern schien ihm nach Tagen der Flucht am sichersten, ohne Fahrzeug war er beweglicher hier in den Bergen und konnte im Zweifelsfall schneller im Unterholz abtauchen. Mit einer gewissen Anspannung schritt er weiter voran, dem Gebirgspaß entgegen, genoß, so unpassend es in diesem Moment auch sein mochte, die wunderbare Aussicht und sinnierte darüber, wie sich vor kurzem in wenigen Minuten sein komplettes Leben geändert hatte. Doch es wurde ihm mitnichten schwer zumute, sondern im Gegenteil, eine Art befreiende Leichtigkeit bemächtigte sich seiner. Sein altes Leben war definitiv vorbei, jetzt würde alles anders werden, unstetig, aber sicher nicht langweilig, eher existentiell. Von nun an müsste er sich keine Sorgen mehr machen um seine vertanen Karrierechancen, seine gescheiterten oder nie zustandegekommenen Beziehungen, die Erwartungen der Gesellschaft, der Freunde und Familie – *tempi passati*.

Was ihn aktuell beschäftigte, war, ob die Übergabe der Papiere reibungslos vonstattengehen würde, und in einer Art Verdrängungsprozeß, angesichts der

Ernsthaftigkeit seiner Lage, eigentlich noch viel mehr, wann und wo er endlich sein Nachtlager würde aufschlagen können, um in aller Ruhe die mitgeführte Jause zu genießen, darunter einen perfekt aufgeschnittenen Trentiner *prosciutto crudo* – was braucht es mehr.

Das Schlüsselerlebnis

Er wälzte sich unruhig von einer Seite auf die andere, atmete stoßweise und versuchte intuitiv immer wieder, diesen Alb loszuwerden, doch mindestens einmal die Woche suchte der Dämon des Unterbewußtseins ihn unwiderruflich heim und drangsalierte seine Gedanken bis zur Schmerzgrenze. Er sah sich jedesmal wieder einem überdimensionalen Pförtner gegenüber, der ihn inquisitorisch zur Rechenschaft zog und unaufhörlich die gleiche Frage nach seinem Büroschlüssel stellte: Er solle ihn vorzeigen und damit seine Zugangsberechtigung bezeugen. Es war ihm nicht möglich, nichts zu machen, denn den Schlüssel führte er nicht bei sich. Alles widerholte sich immer wieder in einer Endlosschleife die Befragung durch den Pförtner, das Schuldeingeständnis seinerseits, das plagende Unvermögen, den verlorenen Schlüssel wiederzufinden, das endgültige Verbot, sein Büro je wieder betreten zu dürfen, und schließlich das finale Inferno, der Einsturz des gesamten Bürokomplexes, was in einem imaginierten Höllensturm alle Akten in die Luft wirbelte und die totale Zerstörung hinterließ. Und das alles nur, weil sein fehlender Büroschlüssel das System aus dem Gleichgewicht gebracht hatte.

Wieder mal wachte er schweißgebadet auf, blickte irritiert auf sein völlig intaktes Wandregal, den Nachttisch, den Kleiderschrank und den Papierkorb - alles war am rechten Platz, die Welt war nicht aus den Fugen. Gequält hievte er sich aus dem Bett, schlurfte noch zitternd an den Kühlschrank, öffnete sich ein eiskaltes Bier und ließ die beruhigende Mischung aus Hopfen und Alkohol langsam auf sich wirken. So konnte es nicht weitergehen. Er mußte diese Dämonen loswerden, dem rechten Außenflügel des Triptychon des Hieronymus Bosch entkommen, in dem er sich gefangen fühlte.

Obwohl es erst fünf Uhr in der Früh war, noch alles dunkel, und sich nur wenig morgendliche Geschäftigkeit in den Straßen regte, drängte es ihn nach draußen. Eilig aber konzentriert zog er sich ein altes Flanellhemd und eine bequeme Chinohose an, schlüpfte barfuß in seine Leinenschuhe und kramte dann in der obersten Schublade seiner Anrichte nach seinem Schlüsselbund. Behutsam entfernte er den Büroschlüssel, nestelte das zugehörige Schild ab und verließ das Haus. Die feuchten Frühnebel des nahen Forstes ließen ihn aufleben, er schüttelte die letzten Reste der nächtlichen Hitze ab und steuerte auf den Stadtbach zu. Ohne Pathos und mit sicherem Wurf beförderte er seinen Büroschlüssel in das reißende Schmutzwasser, drehte sich um und fühlte sich erleichtert. «Ab morgen werde ich mir eine neue Arbeit suchen – im Freien».

Terra nullius

Über eine Stunde lang war er nun am Laufen, in einem Tempo, das ihm unter erfreulicheren Umständen sicherlich als passable Sportleistung angerechnet worden wäre, doch allmählich verließen ihn seine Kräfte und er drosselte trotz seiner Furcht vor den Häschern die Geschwindigkeit, bis er schließlich völlig außer Atem nur noch gehen konnte. Mit der bereits gelockerten Krawatte wischte er sich notdürftig den Schweiß der Anstrengung aus dem Gesicht, um ein bißchen Kühlung zu erhalten, zog er sein Hemd aus der Hose, doch der Anzug klebte unvermindert an ihm und der Hitzestau in seinem Kopf schien sich kaum zu lösen. Gehetzt blickte er währenddessen immer wieder zurück, ob die Verfolger ihn schon eingeholt hätten. War überhaupt jemand hinter ihm her?

Alles hatte er minutiös geplant, über Wochen und Monate und heute früh perfekt umgesetzt, es lief reibungslos. Die drei Tresore der internationalen Anwaltskanzlei, für die er arbeitete, in denen Kautionen, Gelder für Gerichtsgebühren sowie Transfersummen verschiedener Großfirmen lagerten, was sich zu einem beachtlichen Sümmchen addierte, hatte er lange genug überwacht, um sich die Kombinationen und die zugehörigen Schlüssel anzueignen. Heute Morgen, noch vor dem allgemeinen Arbeitsbeginn, schaffte er es schließlich, alle Tresore zu öffnen, achtete dabei aber höchst konzentriert darauf, nur immer so viel mitzunehmen, daß es nicht mehr war, als in seinen schmalen Aktenkoffer passte. Beim ersten Öffnen der Tresore sollte man nicht gleich bemerken, daß was fehlte. Nach vollbrachter Arbeit ging er zunächst seelenruhig aus der noblem Charlottenburger Kanzlei-Villa hinaus, bog möglichst unauffällig um die nächste Straßenecke und wurde dann immer schneller, bis er den Stadtwald erreichte; von da an lief er, so schnell er konnte, um einen gehörigen Vorsprung zu gewinnen.

Er hatte nichts vorbereitet, kein Fluchtauto, keine Flugtickets gebucht, rein gar nichts - es sollte wie ein normaler Arbeitstag aussehen und er wollte nicht, daß man irgendwelche Auffälligkeiten entdeckte, keine Spur legen, wohin er sich abgesetzt haben könnte.

Ein guter Plan. Leider hatte er einen Haken, denn er wußte selbst nicht, was er nun machen sollte; der Diebstahl war perfekt, die Flucht auch, wahrscheinlich verfolgte ihn auch niemand, vielleicht hatten sie es noch gar nicht bemerkt und selbst, wenn man auf ihn käme, es gab kein Indiz, wo er sich aufhalten könnte. Bis hierher hatte er alles durchdacht, aber in gewisser Weise absichtlich nicht weiter, damit er einerseits frei war in seiner Entscheidung, und andererseits, damit er selbst im Vorfeld nichts aus Versehen Verräterisches über sein endgültiges Fluchtziel preisgeben konnte.

Fieberhaft überlegte er sich, was tun, wie sich verhalten - nicht auffallen, war die Devise, möglichst keine

Zeugen, keine sichtbaren Belege, keine Spuren – nicht einfach in der globalisierten digitalen Welt. Sein Hirn lief auf Hochtouren, er spielte zahlreiche Optionen durch, kein Flug, kein Auto, nichts kaufen, was mit einer größeren Summe Geld zu tun hatte.
Schließlich entschied er sich dafür, weiter zu Fuß zu gehen bis zur nächsten Bahnstation in einem der Vororte, die nicht wie der Hauptbahnhof videoüberwacht war. Dort kaufte er sich eine Fahrkarte bis zur Grenze nach Frankfurt an der Oder, von dort aus wieder zu Fuß über die unkontrollierte Brücke nach Słubice, dann weiter bis zur nächsten Grenze, raus aus der Eurozone würde schwerer werden, aber er kaufte sich vorab detailgetreue Karten für einen grünen Grenzübertritt im Gebirge, dort wo Zöllner keine Lust hatten, ausgiebig zu patrouillieren. Sein Handy hatte er wohlweislich bereits heute früh zu Hause gelassen, er war nicht zu orten. Den Aktenkoffer entsorgte er unterwegs in einem städtischen Müllcontainer. Die Geldscheine verteilte er in einem praktischeren Rucksack und an seinem Körper, zwei kleinere Bündel versteckte er an sicheren Orten als Notreserve. Er kaufte sich reichlich Proviant, ein paar Reiseutensilien und ein wenig Ersatzwäsche, damit er nach Tagen in der Wildnis nicht im Straßenbild auffallen würde. Das endgültige Ziel blieb flexibel, aber es war klar, daß es eine Art *terra nullius* sein mußte, es durfte kein Land sein, das Auslieferungsverträge hatte, am besten international kaum oder gar nicht anerkannt war, vielleicht Transnistrien, Südossetien oder Abchasien.

Je mehr Tage vergingen, desto entspannter wurde er, sein Plan war wohl aufgegangen – der perfekte Raub. Und als er eines Morgens auf einem kleinen Aussichtsfelsen in den Karpaten saß und in die unendliche Weite der ukrainischen Tiefebene blickte, da wußte er, es war geschafft. Er atmete tief ein, lehnte sich zurück und war mit sich und der Welt zufrieden.

Schadenfreude

Schwer hing der Smog zwischen den Häuserschluchten der novembergrauen Stadt, Herbstnebel und Abgase aus Tausenden von Kraftfahrzeugen des morgendlichen Berufsverkehrs mischten sich unauffällig mit Industrieemissionen aus gewaltigen Schloten in der Peripherie. Trotz der gedrückten Stimmung schritt er als einer der wenigen in der amorphen Menschenmasse aufrecht über den naßkalten Asphalt der Metropole, sog immer wieder tief die partikeldichte Luft ein, als ob er sich in einem Schweizer Bergsanatorium befinden würde, und war mit sich und der Welt zufrieden. Er war arbeitslos, aber gerade heute machte ihm das nichts aus, im Gegenteil, er war sogar ein bißchen stolz darauf. Eine unscheinbare Zeitungsnotiz beim Morgenkaffee hatte seine an sich trostlose Situation mit einem Male völlig umgekrempelt. Bei den vermischten Nachrichten im Wirtschaftsteil stand zuunterst, daß seine frühere Firma Insolvenz anmelden mußte. Was für eine Genugtuung für ihn, hatten sie nicht nur jahrelang all seine Vorschläge zur Optimierung von Abläufen in den Bereichen Strategie, Marketing & PR mißachtet, sondern ihn auch vorletzte Woche aufgrund von Einsparungsmaßnahmen entlassen. Die Kürzungen waren notwendig geworden, da, wie erste Gutachten zeigten, die Geschäftsführer zuvor ihre eigenen Bezüge vervielfacht hatten, wohl bereits in Ahnung eines drohenden Konkursverfahrens. Um die zudem aufgedeckten Unregelmäßigkeiten in der Buchführung würden sich die Gerichte kümmern, so das abschließende Resümee der Zeitungsnotiz.

Je mehr er darüber nachdachte, desto fröhlicher wurde er und schlenderte vergnügt durch die schlechtgelaunten Menschen, die zu ihrer Arbeit hasteten. Seine Stimmung war so gut, daß er sich spontan entschloß, nicht wie geplant zum Einkaufen zu gehen, sondern seine Schritte in Richtung Hauptbahnhof zu lenken, dort kaufte er sich von seinem restlichen Geld eine Fahrkarte nach Italien und saß bereits eine halbe Stunde später in einem alten Zugabteil, das ihn nach Süden in die Sonne brachte – sein zufriedenes Dauergrinsen war ihm nicht mehr zu nehmen.

Post

Im Widerschein der alten Lampe gruben sich tiefe Falten in seine Stirn und ließen ihn weitaus älter aussehen als er Lebensjahre aufwies, doch tatsächlich fühlte er sich in diesem Augenblick sogar noch viel älter, geradezu greisenhaft. Es war jedoch weniger die Last der Jahre als vielmehr die Sorgen, die ihm zusetzten und ihn zu erdrücken drohten. Die gemusterte Tapete, deren verblichene Farben und Ornamente die gleiche Wohnödnis ausstrahlten wie das aus der Zeit gefallene Mobiliar und die knarzenden Dielen, verschwomm vor seinen Augen. Hämmernder Kopfschmerz hinderte ihn am klaren Denken und so saß er vorneübergebeugt und massierte seine stechenden Schläfen, um nicht den Verstand zu verlieren. Der fünfte Kaffee in zwei Stunden drückte ihm den Schweiß auf die Stirn und tränkte seinen ehemals weißen Hemdkragen, den er über dem ausgebeulten Jackett trug. Durch das halbgeöffnete Fenster drang schon seit längerem allerlei Ungeziefer in die Dachkammer; Stubenfliegen surrten im Schein des Schreibtischlichts, Schaben krabbelten ungehindert über die Fensterbank und verendeten nach Tagen in den Ecken. Seine Hände zitterten, Angstzustände und Koffein sorgten für maximalen Blutdruck. Er fingerte nach einer Zigarette, zündete sie an, inhalierte tief. Es wurde besser, ein wenig. Der Rauch beruhigte ihn und die Insekten zogen sich zurück. Noch ein, zwei weitere Züge und er fühlte sich gewappnet. Das Le-

ben in ihm kehrte zurück, er faßte den Mut sich zu stellen.
Bedächtig zog er den messinggoldenen Brieföffner aus der Schublade und ritzte gekonnt das längliche Kuvert an seinem oberen Rand fein säuberlich auf. Das ordentlich gefaltete Amtsschreiben bestand aus zwei Bögen. Jetzt wurde ihm doch wieder ein wenig heiß, als er das Papier auffaltete und die Zeilen überflog. Schließlich entfuhr ihm ein Seufzer der Erleichterung: Es war die ersehnte Entlassung aus dem Staatsdienst.

Wellen

Noch gestern Abend hatte sie ihm mit einer strahlenden Begrüßung aufgewartet, die er gleichgültig bis unwillig über sich ergehen ließ, doch schon heute umwölkte ihre Stirn ein angsteinflößender Nebel des Mißmuts, undurchdringlich und unhinterfragbar, was er mit überschäumend guter Laune wegzufegen suchte. Das Auf und Ab des täglichen Lebens wogte durch ihre beider Gemüter und ihre Stimmungsschwankungen brandeten unablässig gegeneinander. Sie ließen sich treiben, rauschten zusammen, ineinander und aneinander vorbei - gelobten Besserung, Änderung und die Zeit floß dahin.

Die Jahreszeiten wechselten immer schneller, je älter er wurde, Monate kondensierten sich und vieles verschwamm im Dunst der Erinnerung. Es war einer dieser nichtssagenden Tage im November, als er in der Früh bei seiner Tasse Kaffee saß und auf die karierte Tischdecke starrte und sich plötzlich fragte, was aus ihr eigentlich geworden sein mochte. So viel hatten sie geteilt, Erlebnisse, Gedanken und Gefühle, bis irgendwann völlig unbemerkt alles langsam verebbt war, ohne besonderen Anlaß, ohne Grund, einfach so. Sie war ein so wichtiger Teil seines Lebens gewesen, was war bloß passiert? - Nichts, das heißt nichts Bestimmtes, sie drifteten auseinander, langsam, unmerklich.

La plage – © Roger Montagne

Blick

Der frühe Morgendunst schwebte über dem Valle di Loppio, so daß man den schon längst verlandeten See, aus dem Sträucher und Bäume emporwuchsen und der sich nur noch bei anhaltendem Niederschlag mit Wasser füllte, nur noch erahnen konnte. Das enge Bergtal, eingezwängt zwischen den Massiven des Monte Stivo und Monte Altissimo, an deren Flanken sich die *Strada Statale 240* entlangschlängelt, ist wie schon seit Hunderten von Jahren der wichtigste Zugang zum größten der oberitalienischen Seen.

Wie schon Abertausende Reisende vor ihm, darunter so Prominente wie Montaigne, Goethe oder Rilke, nahm er auch diesmal diesen ihm so wohlbekannten Weg, der aufgrund der zahlreichen Kurven und des löchrigen Straßenbelags seiner vollen Aufmerksamkeit bedurfte. Den trockenen Loppiosee hinter sich lassend, ging es nun hinauf zum *Passo San Giovanni* mit seinem heruntergekommenen *Albergo* und dann ein wenig abwärts, direkt auf Nago zu, dessen *zona industriale* sich immer weiter in die umgebenden Weinberge fraß.

Langsam wurde er nervös, er fieberte, konnte es kaum erwarten. Unwillkürlich fuhr er, seinen alten Wagen mit zunehmend aggressiverer Fahrweise quälend, ganz *all'italiano* seinem Vordermann immer dichter an die Stoßstange, zappelte auf dem Sitz hin und her und trommelte mit den Fingern auf dem Lenkrad. Dann, ein letzter Kreisel, scharf abgebogen und endlich sah er es, den Ausblick schlechthin, das vollkommene Panorama: der *Lago di Garda* lag da wie ein Juwel, eingebettet zwischen dem langgezogenen sanften Rücken des Monte Baldo und den scharfen Graten der Brescianer Berge, seine Ufer konnte man von hier oben in jeder Ausbuchtung exakt nachverfolgen, das Gleißen der Autos auf der *Gardesana Orientale*, die weißen Segel der Boote, das Glitzern der kleinen Wellen, die das Aufkommen des morgendlichen Tramontana erahnen ließen, das um diese Uhrzeit noch beschauliche Torbole und nicht zuletzt der weite Blick gen Süden, Sirmione, die *Bassa Padana* – all das löste sich in einer Unendlichkeit auf.

Er atmetet tief, wurde ruhiger, schließlich entspannt, kurvte routiniert die eng an den Felsen geschmiegte Straße hinunter und freute sich auf einen *caffè* am Hafen - er wußte, er war angekommen, alles andere spielte keine Rolle mehr.

Lebensäste

Wieder einmal landete das berühmte Marmeladenbrot - also in diesem Fall eine Semmel mit Aprikosenkonfitüre - mit der sprichwörtlichen Schokoladenseite nach unten auf dem Boden, doch er sah einfach nur zu, fast völlig emotionslos. Er stierte auf das klebrige Unfallprodukt, welches mit seinem appetitlichen Frühstückshappen rein gar nichts mehr zu tun hatte, und stand langsam auf, schlurfte in die Küche, beugte sich zum Kühlschrank hinunter und holte sich erst einmal ersatzweise ein Bier. Mit diesem altbayerischen Fastenzeitimbiß begab er sich auf den Balkon seiner Wohnung an der Landshuter Allee und setzte sich dort auf einen vom Wetter ausgeblichenen Plastikstuhl, sein einziges Möbelinventar auf dem $2m^2$-großen Vorsprung, der durch eine von Abgasen schwarz gefärbte Betonbrüstung eingefaßt war. Nachdem er das Kaltgetränk geöffnet hatte und es sich auf der Sitzschale bequem gemacht hatte, atmete er tief durch, sog den gesamten Feinstaub von Deutschlands höchstbelasteter innerstädtischer Verkehrsader bis in den letzten Winkel seiner Lungenflügel ein und blickte versonnen über den grauverhangenen Himmel der Landeshauptstadt.

Was lief eigentlich schief in seinem Leben? Es waren ja nicht die langen Phasen der Arbeitslosigkeit, die ihn wirklich plagten, oder die Einsamkeit oder der notorische Geldmangel, sondern vielmehr diese oft so unsinnig erscheinenden Zufälle des Lebens, die - so schien es – nur ihm passierten und ihn immer wieder aus der Bahn warfen und dafür sorgten, daß so vieles nicht so funktionierte wie es hätte können. Ob es nun der Personenschaden im Schnellbahnbereich war, der ihn zu spät zum Vorstellungsgespräch erscheinen ließ, obwohl er überpünktlich gestartet war, oder die junge Dame, mit der er freundlich ins Gespräch kam, bis ihr Hund urplötzlich eine offensichtliche Aversion gegen ihn entwickelte, was sie sofort als schlechtes Zeichen interpretierte, weil der Hund ja immer Recht habe, oder ob der einzige Einbruch im Viertel seit zehn Jahren ausgerechnet bei ihm stattgefunden hatte und der ungebetene Gast aus Frust, keine Wertsachen gefunden zu haben, bei all seinen Büchern die letzte Seite herausriß, um den Vermögenslosen wenigsten mit der Plage des unaufgelösten Romanendes zu bestrafen. Wieso nur? Hätte er gewisse Entscheidungen vielleicht einfach anders treffen sollen, wäre dann alles vermeidbar gewesen?

Je mehr er darüber nachdachte – und er dachte gründlich nach –, desto deutlicher offenbarte sich ihm der wahre Grund all dieser scheinbaren Zufälle: Es war die langsame Vorbereitung auf die Sinnlosigkeit des Lebens in ihrer höchsten Vollendung und er war eigentlich hochgradig privilegiert, weil er schon jetzt eine Andeutung des Ausmaßes des Sinnlosen erfahren durfte.

Mit dieser zutiefst philosophischen Einsicht stand er von seinem kargen und zugigen Balkon auf und beschloß sich erstmal eine Leberkassemmel zu kaufen, nicht nur, weil das Bier ihn nun erst richtig hungrig gemacht hatte, sondern weil er nun auch wußte, daß er die Sinnlosigkeit annehmen sollte und ins Positive wenden konnte – es war einfach heute besser, mal was Herzhaftes zu frühstücken.

Das Hotel

Die Kaffeebecher stapelten sich im Fußraum des Beifahrersitzes seines Kleinwagens bereits so hoch, daß sie aufgehört hatten, bei jeder Kurve enervierend hin und her zu rollen; weitere Reste von Muntermachern lagen über den gesamten Innenraum des Fahrzeugs verstreut: Colaflaschen, Keksverpackungen, Chipstüten, Kaugummipapierln und Koffeintablettendöschen. Noch war er wach, irgendwie zumindest oder besser gesagt, in irgendeiner Form. Seine rotunterlaufenen Augen brannten, sein Herz raste und stolperte zugleich, die Bandscheiben knirschten und Krämpfe durchzuckten in regelmäßigen Abständen sein rechtes Bein, obwohl er in seinem Fahrersitz scheinbar ausgeruht hingefläzt wie in einem Gartenfauteuil saß.
Die frühen Morgenstunden waren immer die härteste Zeit, denn bis Mitternacht, vor allem nach dem abendlichen Berufsverkehr, konnte man meist entspannt dahingleiten; der Körper gehorchte der jahrelangen Routine, die Reflexe funktionierten und die Autobahn war angenehm leer. Manchmal, wenn er einen guten Flow hatte, seine Gedanken geordnet und wach dem Rhythmus der Straße folgten, der Motor sich selbst auf den günstigsten Drehzahlbereich eingestellt zu haben schien und melodiös dahinschnurrte, dann brachte er auch noch ein gehöriges Stück an Kilometern bis zwei Uhr in der Früh hinter sich. Doch ab diesem Zeitpunkt, in optimalen Phasen manchmal

auch erst um drei, aber spätestens dann, kam der Einbruch und er kam meistens mit voller Wucht daher.
Die Lider wurden nicht nur bleischwer, sie verwandelten sich vielmehr in eisenbewehrte Rolläden, die aufs Zufallen programmiert waren, der Rücken schmerzte, die Nervenbahnen glühten und so mancher Muskelstrang fühlte sich wie frisch seziert an. Wenn die Lichter der vorbeiziehenden Landschaft, irgendwo auf seiner wöchentlichen Route zwischen Montpellier und München, anfingen sich zu zerfransen, dann wußte er: Der Kampf hatte begonnen.
Fast elf Stunden Fahrt über drei Ländergrenzen und mehrere Vegetations- und Klimazonen waren zu bewältigen, vorbei an den ältesten Zeugnissen europäischer Siedlungsgeschichte, vom mediterranen Süden, durch das sich ständig verändernde Rhonetal, entlang der höchsten, gletschergesäumten Gipfel und der zahlreichen postglazialen Seen bis ins tertiäre Hügelland, dessen sanftrauher Charme die heimatlichen Gefilde annoncierte.
Doch für all dies hatte er in einem solchen Moment keinen Blick, nicht nur, weil die Nacht zu dieser Zeit am schwärzesten war, sondern weil sein ganzer Körper sich vehement gegen alles wehrte, was ihn nicht dem mehr als dringend verlangten Schlaf näherbrachte. Er war sich der Gefährlichkeit der Situation durchaus bewußt - glaubte er zumindest –, doch diese Phase der Somnolenz hatte ihre eigenen Gesetze und ergriff einem Dämon gleich von einem unweigerlich

vollständig Besitz, jedwedes Handeln wurde zum unkalkulierbaren Risiko.

Am Wegesrand leuchteten in bunten Neontönen im Abstand von wenigen Kilometern immer wieder Schilder, die auf Übernachtungsmöglichkeiten verwiesen, in jeglicher Preisklasse, von der Fernfahrerunterkunft bis zur Herberge für anspruchsvolle Reisende, ein Panoptikum von Offerten, die in den Nachthimmel strahlten.
Anhalten, in einem Hotel absteigen, sich auszuruhen und wieder zu Kräften kommen, um die Fahrt am nächsten Morgen sicher fortzusetzen, so wie es Berufsfahrer und Urlauber in der Regel praktizieren – eine Option, die er noch nicht einmal andenken konnte, für ihn geradezu eine Reiseabsurdität.

Das Kunstwerk

Seine Finger waren komplett geschwärzt, die Kuppen so dick vom Graphitstaub bedeckt, daß sie eine glatte Oberfläche ohne jegliche Maserung bildeten. Zu oft hatte er damit schon die Linien auf seiner Zeichnung nachgezogen, um den Umrissen eine bestimmte Tiefe zu geben, Schattierungen herauszuarbeiten und Übergänge abzumildern. Schweiß perlte von seiner Stirn, den er wiederholt mit seinem längst nicht mehr weißen Hemdsärmel abwischte, um die entstehende Graphik nicht zu gefährden, seine Arme und Hände schmerzten ebenso von den Schraffuren wie von den akkuraten Linien, die er mit höchster Konzentration und Anspannung ausführte. Im schwachen Schein des flackernden Lichtes seiner alten Schreibtischlampe starrte er wieder und wieder auf die Skizze, aus der sich Stunde um Stunde immer deutlicher die Konturen eines Frauenporträts hervorhoben, mit all den Nuancen, die Kohle und Graphit dem Papier entlocken konnten.

Doch nie war er zufrieden mit seinem Werk, er legte es beiseite, durchmaß in höchster Erregung unruhig sein zum Atelier umfunktioniertes Arbeitszimmer und nahm die Zeichnung erneut zur Hand, betrachtete sie kritisch und ergriff einen Stift mit einem anderen Härtegrad, um wieder eine Linie nachzuziehen, hinzuzufügen oder zu bearbeiten. Mit großer Sanftheit und zugleich unnachgiebigem Druck an der richtigen Stelle modellierte er mit den Fingern weitere

Übergänge der Schattierungen heraus. Seine Augen schmerzten, seine Schläfen pochten und seine ganzer restlicher Körper kämpfte mit Dehydrierung und Nahrungsentzug, denn wenn er einmal anfing, sich auf seine Arbeit einzulassen, konnte und wollte er nicht innehalten, bis sie zu äußerster Perfektion vollendet war. Gerade an diesem Porträt saß er jedoch schon besonders lange, hatte bereits einige Rötel- und Graphitstifte verschlissen und war dennoch nicht glücklich, fehlte doch etwas in diesem Gesichtsausdruck, daß nur er sehen konnte, etwas, das tief in diesem Wesen verankert war und nur er zum Vorschein bringen konnte. Die Uhr schlug bereits Mitternacht und die Zeit bis zur Matutin musste er unbedingt nutzen, jetzt wo es so still war im Haus, in der Stadt, über den Dächern; und nachdem er sich einen Schluck Wasser aus einem der zahlreichen zweckentfremdeten Gefäße auf seinem für Unbeteiligte wüst aussehenden Arbeitstisch gegönnt hatte, arbeitet er besessen weiter, die ganze Nacht hindurch bis zur Morgendämmerung. Längst sah er aus, als ob gerade ein Lustrum verstrichen wäre und sein aschfahles Gesicht noch mehr Furchen bekommen hätte, doch das war ihm eins, denn er sah und fühlte, daß es vollbracht war; die Augen der Dame drückten genau das aus, was er herauspräparieren wollte, damit es alle sehen konnten und ihr Innerstes für immer verewigt sei.

Er schleppte sich die Stiegen zum Dachboden hinauf, öffnete die Luke und stieg hinaus auf die enge Dachloggia, streckte sich, schaute zufrieden über die Stadt und überließ die Zeichnung dem lauen Morgenwind.

Das Volksfest

Grell leuchteten die tausenden Lichter der illuminierten Fahrgeschäfte in den Himmel, dröhnende Musik aus basslastigen Lautsprechern überlagerte sich an jeder Ecke aufs Neue und ein unentwirrbares Stimmengewirr flutete durch die engen Gassen des Volksfestes. Der intensiv süße Geruch von gerösteten Mandeln durchmischte sich mit den Räucherschwaden der Grillstände, dem Malz des Bieres sowie an einigen Stellen immer mal wieder dem durchdringenden Gestank von Erbrochenem, was wohl unweigerlich dazugehörte und auf subtile Weise dem Besucher eine Ahnung des hohen Grades an Feierlaune vorhergehender Partizipanten lokaler Folklore vermittelte.
Er fühlte sich fremd, nicht nur, weil er in diesem Städtchen nicht zu Hause war, sondern vor allem, weil ihm diese Art der enthemmten oder zumindest gedankenverlorenen Ausgelassenheit, gepaart mit dumpfer Bierseligkeit, völlig unverständlich war. Wie konnte man sich in einer solchen Masse überhaupt wohlfühlen, so viele Menschen um sich herum ertragen, mit ihren Ausdünstungen, ihrer sinnfreien Geschwätzigkeit, es war ihm ein Rätsel, eine verschlossene Welt. Lange hatte er sich geweigert, einen derartigen Ort überhaupt einfach so zu betreten, bis ihn ein Bekannter davon überzeugte, daß man so etwas eben mal gesehen und gefühlt haben müsse und er schon sehen würde, wie ihn dort das Ganze unweigerlich mitreißen würde.

Nichts von alldem geschah, stattdessen bahnte er sich voller Ekel einen Weg durch die Menge, versuchte, das Ganze als soziologische Studie zu sehen, eine Art Feldforschung, die im Namen der Wissenschaft von ihm die größten Opfer abverlangte. Mit dieser Grundeinstellung schaffte er es zumindest fast eine Stunde lang, der Reizüberflutung standzuhalten und die Menschen dabei zu beobachten, wie sie ihren niedrigsten Trieben frönten, doch als eine sichtbar stark alkoholisierte Frau in einer Dirndlimitation ihn unbedingt in ein Fahrgeschäft zerren wollte, explodierten bei ihm sämtliche Synapsen und seine Nervenbahnen fingen an zu glühen. Wenig charmant riß er sich los, drängelte, seine gesamte Körpergröße einsetzend, energisch durch die Menge, ohne Rücksicht auf Kinder, Alte oder zarte Damen, die er allesamt beiseite stieß, und strebte dem nächstgelegenen Ausgang zu. Als er diesen glücklich passierte, machte er jedoch nicht Halt, sondern lief in noch schnellerem Tempo weiter, immer weiter, aus der Stadt hinaus, hinein in den nahegelegen Grenzwald. Dabei streifte er im Laufen sein Jackett ab, welches ihn nicht nur beim Rennen behinderte, sondern ihn auch anekelte, da es mit so vielen Menschen in Kontakt gekommen war. Sicherheitshalber entledigte er sich auch seines makellos gebügelten Oberhemdes, welches ihm ebenfalls kontaminiert vorkam. Ohne innezuhalten lief er nun in Bügelfaltenhose und weißem Unterhemd weiter durch den Forst, scheuchte unweigerlich friedliches Getier auf und erschreckte Jogger, die es nicht fassen konnten, daß jemand in einer derartigen Aufmachung in dieser Geschwindigkeit an ihnen vorbeirauschte. Als er schließlich auf eine weite Lichtung kam und auch eine gewisse Erschöpfung verspürte, drosselte er langsam seine Schritte, bis er endlich gemächlich die vor ihm liegende Magerwiese durchmaß. Dort, wo Kräuter und Blumen am dichtesten standen, ließ er sich einfach fallen, machte die Augen zu und seufzte erschöpft, während in seinem Kopf immer noch die Geräuschkulisse des Festes dröhnte, deren Lichter in die Netzhaut zu stechen schienen. Langsam ebbte jedoch alles ab und er schwor sich mit großer Inbrunst, nie wieder nüchtern auf ein Volksfest zu gehen.

Talwärts

«Die Sehnsucht befriedigt, den Augenblick genossen, die Anstrengung und Erschöpfung als wohlfeilen Preis in Kauf genommen, so sei jedweder Gipfel bezwungen und erobert, wie einst die Altvorderen sagten, doch auch im modernsten Selbstfindungsoptimierungswahnsinn bleibt der Berg das höchste Ziel, allenfalls noch die Aufstiegsroute und ihre Varianten; von der sogenannten Genusswanderung bis zur schwierigsten Kletterführe, die Bergfahrt als Eroberung des Nutzlosen bleibt eine Aufwärtsbewegung. »

Gedankenverloren schlenderte er zu Tal, fühlte mit jedem Schritt den Ballast des Alltags, der ihn näherrückend zu erdrücken drohte. Die Beine wurden schwer, durch die Knie jagte ein stechender Schmerz nach dem anderen und die Hände schwollen ob der Hitze unangenehm an. Längst hatte er seine letzte Wasserration aufgebraucht und das karstige Gelände der ewigen Schotterreißen gab keinen Gebirgsbach frei. Die Julihitze staute sich in den Latschenkiefern und der Talgrund lag noch fast tausend Höhenmeter entfernt. Seine Moral war auf dem Tiefpunkt, das Karwendel zermürbte ihn zusehends.

Von der Euphorie des Aufstiegs, die ihn so manche Ermüdungsphase und Schwierigkeiten des Geländes problemlos meistern ließ, war nichts mehr übrig. Bleiern wie die Schwüle in den Karen drückte es auf sein Gemüt, er sackte förmlich talwärts und war kurz davor, ein kühles Helles zu halluzinieren. Was für eine

Erkenntnis brachte einem eine solche Schinderei, hätte er gerne Petrarca fragen wollen und sich selbst, warum er nicht bei einem Cappuccino mit frischem Käsekuchen in Ambach am Starnberger See saß, mit einer lauen Brise und reizvollem Ausblick.
Auf diese Weise haderte er mit sich, der Welt und dem vermaledeiten Gebirg', von Minute zu Minute, von Stunde zu Stunde, erst recht weiter unten auf dem langen Zieher durch die österreichischen Staatsforste, und war fest entschlossen, ein Buch nur über das Berghinabsteigen zu schreiben, ohne Beschreibung der Anstiege, allein die Talfahrt und ihre Qualen sollten thematisiert werden – mit Kartenmaterial und Fotostrecke von erschöpften Wanderern.
Doch auch der längste Abstieg vom höchsten Gipfel nimmt irgendwann einmal ein Ende und so kam er in den späten Nachmittagsstunden mit zwickenden Waden, dicken Knien und leerem Kopf, erschöpft und ausgelaugt im Dorf am Fuße der mächtigen Kalkberge an, besorgte sich ein großes Glas Gespritzten auf der Terrasse des nächstbesten Cafés und schon nach dem ersten Schluck schaute er zufrieden himmelwärts und dachte bei sich gut gelaunt: «Nächstes Mal pack' ich den Nachbargipfel».

Spaziergang im Wald

Seine Gedanken brauchten Auslauf, freie Bewegung, Entfaltungsmöglichkeiten, sie drängten nach draußen, raus aus ihrem Gefängnis und so machte er sich auf seinen Wohnsilo zu verlassen, lenkte seine Schritte in Richtung des nahegelegenen Kiefernwaldes und hoffte auf Besserung. Es dauerte eine ganze Weile bis er spürte, daß das Pochen an seinen Schläfen, das Symptom der eingesperrten Gedanken, nachließ, die Schlingen seiner Denkwirrungen sich langsam lockerten und er freier atmen konnte. Inzwischen war er schon tief in den Forst eingedrungen, die Nadelhölzer standen dicht und der Wald umfasste ihn voll und ganz. Er schritt weiter aus und mit beschwingtem Schritt durchmaß er das Unterholz, immer kleinen Pfaden folgend, die sich mehrfach gabelten. Längst hatte er auch die Orientierung verloren, doch das war ihm egal, es schien ihm nicht relevant, denn mit jeder Minute, die er tiefer in das Unbekannte vordrang hob sich seine Laune, die mürrische Grundhaltung des Gedankenknotengeplagten wich immer mehr einer fröhlichen Unbeschwertheit. Es verging eine weitere halbe Stunde, in der er verschlungenen Wegen aus Kiefernnadeln folgte, peinlichst darauf achtend, kein Denken an irgendein Ziel, eine bestimmte Richtung oder Ähnliches zu verschwenden. Und er wurde immer fröhlicher. Seine Heiterkeit steigerte sich bald zu einer überbordenden Ausgelassenheit, so daß er pfeifend und mitunter hüpfend und tanzend durch den Wald stob.

Er trieb das eine ganze Zeit lang so, erschreckte die Tiere des Waldes und köpfte im Übermut die ein oder andere Blume am Wegesrand, bis er ganz unversehens, geradezu lautlos, in einer riesigen Grube versank. Verdutzt schaute er sich um und bemerkte nach einer Schrecksekunde, daß hier eine ganze Fuchsfamilie einen großen Bau angelegt hatte, dessen Decke eingestürzt war und in dessen ehemaligen Zuhause er nun fast zwei Meter tief festsaß. Kaum hatte er sich wieder gefaßt, brach er in schallendes Gelächter aus, ein unglaublich befreiendes, alle seine Teile des Körpers erfassendes Lachen – dionysisch enthemmt.

Entscheidung

Seine Hände zitterten, er zögerte, trat wieder einen Schritt zurück, versuchte seine Gedanken zu sammeln, was ihm jedoch nicht recht gelang, vielmehr schossen ihm noch einmal deutlich mehr durch den Kopf, stifteten auf diese Weise noch größere Verwirrung in ihm, seine Sinne kreisten, Übelkeit stieg in ihm hoch und auf seiner Stirn bildete sich ein Film eiskalten Schweißes, den er nicht abwischte, einfach weil er dazu nicht mehr in der Lage war, sondern er ließ ihn wie ein Rinnsal durch die brennenden Augen laufen, die Wangen und den Hals hinunter in seinen Hemdkragen, der nach und nach braune Salzränder bekam. Überhaupt war seine Erscheinung desolat, er steckte in seinen Kleidern wie ein Fremdkörper; seine weiten Jeans schlotterten um seine Beine, der abgetragene Ledergürtel hatte mindestens ein Loch zu wenig, um ihm Halt zu geben, auch moralisch, und sein halboffenes Nadelstreifenhemd hing ihm an verschiedenen Stellen aus der Hose, die am untersten Rand in unschönen Fransen auf seine ausgetretenen Lederschuhen und in den Staub der Holzdielen fiel. Er räusperte sich, versuchte eine klare, etwas weniger brüchige Stimme zu bekommen, wußte jedoch instinktiv, daß es nutzlos war, seine Unsicherheit und Anspannung waren unmöglich zu verbergen. Es schnürte ihm seine trockene Kehle zusammen, doch trotzdem schaffte er es, seine Fassung zumindest soweit wiederzugewinnen, daß es ihm nach einigen

Minuten endlich gelang, den Türknauf in die Hand zu nehmen und ihn langsam zu öffnen. Er mußte es einfach tun, es gab jetzt kein Zurück mehr. Die Konsequenzen würde er tragen müssen, kein Zweifel.
Als er schließlich die Tür mutig aufstieß, stand er für einige Sekunden im Zug des heißen Juliwindes, der durch das im Arbeitszimmer seines Dienstherrn weit geöffnete, doppelflüglige Fenster herüberwehte. Der wüstengleiche Luftstrom, der kleinste Sandkörner vom nahegelegen Baggersee transportierte, stärkte merkwürdigerweise sein Selbstvertrauen, trocknete seine Gedankenflut und ließ ihn so klar sehen wie nie zuvor; seine Zukunft lag angstfrei vor ihm - deutlich. Und so war der letzte Akt eigentlich nur noch ein routiniertes Abspulen von längst hundertfach Einstudiertem: In gesetzten Worten hinterbringt er seinem erstaunten Vorgesetzten, was für ein korruptes Riesenarschloch er doch sei, menschlich, moralisch und ökonomisch untragbar und, daß er diese sogenannte Arbeitsstätte, die nichts als eine monotone Quälanstalt für geistige Tiefflieger sei, die unter bürokratischen Zwängen intellektuellen und kreativen Müll mit wirtschaftlichem Millionenverlust produziere, nie wieder betreten würde. Gelöst schritt er aus dem grauen Bürogebäude und trat den Heimweg an, freute sich auf sein Feierabendbier und Ferien für immer.

Gedankenflut

Er wälzte sich hin und her, richtete sich dazwischen immer mal wieder auf und starrte in die Dunkelheit seines Hotelzimmers, nur um dann erneut erschöpft in sein Kissen zurückzufallen; versuchte die Augen zu schließen, drückte sie fest zusammen, in der Hoffnung endlich Ruhe und Schlaf zu finden, doch sobald die Lider sich wie ein Vorhang vor seine Pupillen legten, ging es wieder los: mal rasten seine Gedanken als ein schwindelerregender Sturzbach durch seine Gehirnwindungen, mal brachen sie wie eine Flutwelle über ihn herein und irgendwann endete alles in einem quälenden Denkstrudel, aus dem es kein Entrinnen gab. Es drehte sich immer um dasselbe, die Unerreichbarkeit dessen was er glaubte unbedingt realisieren zu müssen und nicht konnte, ein Spiegel des nicht in Erfüllung-Gehen-Wollendes, eine onirische Endlosschleife.

Aber plötzlich war alles vorbei, der Strudel war versiegt, die Gedanken hatten sich aufgelöst, es gab nur noch wohltuende Leere - das Nichts als Erlösung.

Flucht

Mit latenter Aggressivität schlug er die Tür hinter sich zu, so daß sie krachend ins Schloß fiel, stürmte die Treppe hinab und steuerte direkt über den großen Korridor den Ausgang an. Erst als er sich ein paar Meter entfernt hatte und das Bürogebäude so langsam hinter sich ließ, nahm er wieder fast normale Gehgeschwindigkeit an, sein Adrenalinpegel blieb jedoch noch eine ganze Weile unverändert. Unbewußt zielgerichtet lenkte er seine Schritte auf den benachbarten Stadtwald, der unterbrochen von nur wenigen Forstwegen direkt in die hügelige Landschaft der Umgebung überging. Kaum hatte er den Saum des Waldes erreicht und war ein Stück weit dem kleinen Trampelpfad gefolgt, der ihn auf die nächste Anhöhe brachte, atmete er tief durch, versuchte den ganzen Ärger des Bürovormittages abzuschütteln und tatsächlich brauchte es nur weitere zehn Minuten bis er die ganze Wolke des aufgestauten Unmutes an die lichten Föhren, die dunklen Tannen und die mächtigen Buchen abgegeben konnte, in deren Blättern und Nadeln sich alles auflöste. Nach einer weiteren Viertelstunde war er so weit in den Wald vorgedrungen, daß auch die letzten Reste der Angespanntheit von ihm wichen, er ruhig und gleichmäßig atmen konnte und langsam auch einen Blick für das ihm umgebende Gehölz entwickelte.

Als er schließlich einige Wegabzweigungen später die Lichtung auf der Anhöhe über der Stadt erreichte, war die Semantik des Wortes ‚Büro' komplett verblaßt, Arbeit nur noch ein hohler Begriff. Er genoß die Rundumsicht über die angrenzende Hügelkette, die darunterliegenden Felder, Raine und Dörfer, die sich in die Landschaft einschmiegten und nach einer kleinen Verschnaufpause entschloß er sich spontan diesen, seinen in den letzten Wochen bis hierher so oft gegangenen, ja notwendigerweise immer wieder gegangenen Weg diesmal einfach fortzusetzen. Ob er je einen Rückweg antreten würde wollen, da war er sich noch nicht so ganz sicher.

Fieber

Die gleißende Sonne brannte hernieder, sein blanker Helm glühte und sein Gehirn schien längst ausgetrocknet zu sein, es war ihm unmöglich, einen klaren Gedanken zu fassen. Immer wieder verfing sich sein seitlich im Schwertgehänge baumelnder Degen in der subtropischen Vegetation, Schweiß lief ihm in Strömen am ganzen Körper hinunter, seine Augen schmerzten, sein Wams war zerschlissen, das ehemals weiße Hemd mit den ausladenden Ärmeln schmierig, doch unverdrossen kämpfte er sich weiter voran und versuchte den Abstand zu seinem Vordermann nicht zu groß werden zu lassen. Zu Hause in Andalusien hatte man ihm vom Paradies vorgeschwärmt, von Gold und anderen Reichtümern, die ihn in der Neuen Welt erwarten würden, stattdessen war es die Hölle auf Erden; am Ende fand er sich in einem kleinen Spähtrupp von *Conquistadores* wieder, der im Auftrag von Hernán Cortés die zum Widerstand entschlossenen Maya-Städte auskundschaften sollte. Hier in Yucatán war die Landschaft Hunderte von Quadratkilometern eben, keine Erhebung am Horizont, nichts was Schutz bot, außer das unendlich scheinende schwül heiße Grün; Stauden von exotischen Pflanzen, die die Feuchtigkeit speicherten, hohe Bäume und mitunter dichtes Unterholz, das kein Durchkommen erlaubte. Seine Nervenenden schienen zu glühen, er war aufs äußerste angespannt und gleichzeitig völlig erschöpft, dehydriert und ausgehungert, denn zum

Rasten blieb nur wenig Zeit; jede Sekunde konnten aus dem Nichts fremdartige, schreiende Krieger hervorbrechen, fast nackt, aber mit tödlichen Pfeilen aus Blasrohren und Speeren bewaffnet und immer wieder wurde einer seiner spanischen Landsleute von ihnen so getroffen, daß er seinen Wunden erlag, trotz des Brustharnischs oder der schweren Lederpolsterung. Er selbst hatte ebenfalls eine Wunde am Oberschenkel, die kaum verheilte und oft eitrig aufbrach. Wäre da nicht die Angst vor dem vorausreitenden *Comandante*, der kein Erbarmen kannte und völlig unmenschlich alle Widrigkeiten ertrug und das so furchteinflößende unbekannte Land, hätten sie längst alle das Weite gesucht. So aber stolperten sie unwillig durch die Wildnis, dem *Hidalgo* blind folgend, von Hunger und Erschöpfung gezeichnet; ausgemergelte Körper, die Hellebarden, Arkebusen und Rapiere als Ballast durch eine grüne Fieberhölle schleppten.
Dann ein Surren, kurz darauf ein Schrei - verschwommen sah er, wie weiter vorne in der Reihe ein Infanteriesoldat umfiel, sein *Morion* kullerte zur Seite und er blieb mit einem hauchdünnen Pfeil im Hals mit weit aufgerissenem Mund liegen. Stille - gefühlt ewige Stille.
Dann brach es plötzlich los, ein ohrenbetäubender Lärm und aus dem grünen Dickicht stürmten wild bemalte Maya-Krieger hervor, hieben mit Keulen und anderen Schlagwaffen auf die Soldaten ein, schleuderten Speere und warfen sich mit ihrem gesamten Körper auf die eine Formation suchenden Infanteristen,

die kaum in der Lage waren, rechtzeitig ihre Lanzen auszurichten oder ihr Rapier zu ziehen, geschweige denn eine Lunte zu entzünden.
Es blieb ihm kaum Zeit, das kriegerische Inferno zu erfassen, denn schon rannte einer der Maya mit erhobener Axt auf ihn zu - er wich aus, wehrte ihn mit aller Kraft seiner Klinge ab, Blut spritzte, ein erstickter Schrei; dann neben ihm doch ein Schuß, Pulverdampf lag in der Luft, sein Ohr war taub und nur mit Mühe konnte er den nächsten Angriff abwehren, stolperte dabei aber rücklings zu Boden, verlor seinen Degen und im nächsten Moment war ein fremder Krieger über ihm, mit turmartigem Kopfschmuck, furchteinflößender Bemalung und den erhobenen Speer bereit zum tödlichen Stoß zu senken - er versuchte zu schreien, doch es gelang ihm nurmehr ein erstickendes Röcheln und er spürte das Adrenalin der Todesangst...

Weit riß er die Augen auf, fuhr hoch und keuchend schüttelte der den Fiebertraum ab, wollte die Fratze über ihm so schnell als möglich vergessen. Er war schweißgebadet, als er in seinem Hotelbett Orientierung suchte und ihm nur sehr langsam bewußt wurde, daß er von seinem Ausflug nach *Chichén Itzá* gestern wohlbehalten in seine Dreisterne-Unterkunft zurückgekehrt war und keineswegs als Eroberer unterwegs sein mußte.
Das Klima bekam ihm überhaupt nicht, die Phantasie war offensichtlich mit ihm durchgegangen, aber viel-

leicht hätte er gestern Abend nach der etwas faden Reise zu den Pyramiden nicht das Angebot einer der zahlreichen geschäftstüchtigen Einheimischen am Strand annehmen sollen, die in ihrem unnachahmlichen Touristenfänger-Spanglish ihn immer wieder gefragt hatten: «Do you want weed, cocaine, mi hija?» Aus einer Laune heraus - und weil er einfach mal das dumme Gesicht des dreisten Allroundverkäufers sehen wollte - bestellte er zu dessen Verwunderung das ganze Programm. Dieser lieferte wiederum zu seiner Überraschung tatsächlich und so landete er mit einer mexikanischen Prostituierten, die natürlich nicht dessen Tochter (*hija*) war, völlig zugedröhnt auf einer der zahlreichen *spring-break parties,* die Cancún zu bieten hatte. Ab diesem Zeitpunkt versagte seine Erinnerung, aber er war sich sicher, daß die Drogen mit ungesunden Substanzen gestreckt waren und die Dame ihm außer einigen eventuell vergnüglichen Stunden vor allem Gonorrhöe oder Schlimmeres geschenkt hatte. Seinen nächsten Urlaub würde er auf jeden Fall wieder im Bayerischen Wald verbringen.

Downtown

Die Häuserschluchten waren tief, hielten einen gefangen in einem unwirklichen Chaos aus Beton, Asphalt, Abgasen, Maschinenlärm und Stimmengewirr; alles drängte voran; scheinbar zielstrebig bewegten sich die einzelnen Bestandteile der Blechlawine und des menschlichen Mahlstroms durch den Schmutz der Metropole; in der Ferne immer wieder das Heulen einer Sirene, doch nichts unterbrach die Hektik.
Manchmal erhaschte er ein Stück vom Himmel, der hier aber nur eine Statistenrolle spielte, denn die Fassaden der Wolkenkratzer schienen sich nach oben konkav zu schließen, das Leben hier unten zu zementieren. Er schritt unverdrossen voran, denn er mußte weiter, es gab kein Zurück. So kämpfte er sich durch die Menschenmenge, versuchte die Vielfalt der Gerüche, die aus den Straßenläden herüberzogen, genauso zu ignorieren wie die giftigen Dämpfe, die aus den Öffnungen des Untergrunds quollen. Die hell leuchtenden Reklametafeln, die aufblitzenden Scheinwerfer der Autos, die Ampeln, die grellen Baustellenstrahler und die blinkenden Blaulichter schmerzten in den Augen; das Hupen, das Aufheulen der Motoren und die durchdringenden Sirenen dröhnten in den Ohren. Jetzt in der Abenddämmerung schien alles wie ein Alptraum, seine Sinnesorgane waren überfordert, schienen vor Reizüberflutung zu implodieren. Aber seine innere Stimme sagte ihm, er müsse weiter voran kommen, spätestens um Mitternacht am Battery Park

sein, doch bis zur Südspitze Manhattans waren es noch mindestens fünfzehn Querstraßen, die er zu passieren hatte. Sein Gewährsmann hatte ihm eingeschärft, die *Subway* nicht zu benutzen, dort könnte er in eine Falle geraten und dort gäbe es kaum ein Entkommen. So versuchte er unermüdlich sich voranzukämpfen, auch wenn ihn langsam die Kräfte verließen. Sein aschfahles Gesicht wirkte noch grauer als sonst, die Wangen waren eingefallen und seine dürren Beine schlotterten in den weiten Chino-Hosen, die er seit Wochen nicht mehr gewechselt hatte. Mit zittrigen Fingern umkrampfte er immer wieder die Geldscheine in seiner Hosentasche, die er mühsam die letzten Tage zusammenorganisiert hatte: hier und dort etwas geliehen, ein kleiner Taschendiebstahl, eine mehr oder weniger liegengebliebene Geldbörse.
Als er nach Stunden endlich in die Sichtweite des Battery Parks kam, war er am Ende seiner Kräfte; er halluzinierte zeitweise und versuchte, sich trotzdem krampfhaft an den vereinbarten Treffpunkt zu erinnern, suchte mit fiebrigem Blick immer wieder nach der Person, die ihm beschrieben worden war. Es war seine letzte Chance, ein zweites Mal würde er es nicht schaffen.
Er irrte fast eine halbe Stunde durch die nächtlichen Grünanlagen, als ihn schließlich eine nicht definierbarer Schatten hart anrempelte und ihm etwas in die Hand drückte; längst nicht mehr bei klaren Sinnen, aber ganz intuitiv faßte er in seine Hosentasche und gab seinerseits dem Unbekannten das Bündel mit den

abgewetzten Dollarnoten in die knöcherne Hand. Geschafft. Er schleppte sich zur nächsten Parkbank, die er nur noch verschwommen wahrnahm, ließ sich fallen, kramte zittrig seine Utensilien hervor, erhitze den Löffel und gab sich endlich den erlösenden Schuß. Bald wurde ihm warm, die Fiebrigkeit wich einer wohligen Wärme und alles war gut.

Die Krise

Manchmal sind die Fragen des Lebens recht einfach zu beantworten. Wenn man sich beispielsweise an der Kasse im Supermarkt für eine Schlange entscheiden muß, sollte man immer eine Wahl treffen, denn sonst bleibt man mit den fünf Joghurts, der Butter, der Spaghettisauce und der Flasche Wein, die man elegant unter den Arm geklemmt hat, einfach im Niemandsland zwischen den Regalen stehen. Sicher ist auch, daß die Entscheidung, die man trifft, die falsche ist, weil es immer an der Nachbarkasse schneller geht und vor einem entweder jemand einen Monatseinkauf für eine mediterrane Großfamilie macht, ein Rentner für den nächsten Katastrophenfall vorsorgt oder aber ein dem Hochprozentigen zugeneigter Zeitgenosse einen Berg Pfandflaschen loswerden will.
Manchmal im Leben sind die Fragen, vor denen man steht, jedoch auch komplexer: Soll man beispielsweise den Arbeitsplatz wechseln, womöglich, um in eine bessere Position zu kommen oder um mehr zu verdienen? Ist es gut oder schlecht, die Arbeit zu wechseln und wie oft? Soll man auch den Partner gleich mitauswechseln? Woanders hinziehen? Für die Arbeit, die Liebe oder einfach, damit mal alles anders ist? Soll man überhaupt arbeiten und wozu eigentlich? Wie viele Freunde braucht man? Muß man sich verlieben? Ist es wirklich notwendig, ins Ausland zu gehen? Soll man für den Lebenslauf leben? Soll man Drogen nehmen und wenn ja, welche und wie viele?

Welche Mittel gibt es gegen Einsamkeit, Langeweile, Ausgegrenztheit und das Älterwerden? Kann man eigentlich überhaupt etwas richtig oder falsch machen im Leben?
So manch eine Frage ist bei näherer Betrachtung zweifellos ein Luxus- und Wohlstandsproblem, weit jenseits der Grundbedürfnisse – und trotzdem kann es einen in elementare Krisen stürzen. Schon allein die scheinbar banale Frage, ob man sich eher treiben lassen oder aktiv Veränderungen herbeiführen soll, läßt sich natürlich nicht pauschal beantworten. Was also tun, wenn man seine Entscheidungen nicht dem Vorgesetzten, einer Kirche oder dem Zeitgeist überantworten möchte?
Günstig wäre natürlich, möglichst gar nicht nachzudenken, sich keine Fragen zu stellen und keine Probleme zu generieren – ist aber gar nicht so leicht.
Vielleicht bleibt dann nichts anderes übrig, als sich ganz positiv und bewußt in die falsche Schlange zu stellen, sich die Langsamkeit zueigen zu machen und das nächste Mal einfach den Supermarkt zu wechseln.

Während ihm das alles durch den Kopf ging und er sein Leben Revue passieren ließ, stellte er einfach die Lebensmittel in das nächstbeste Regal, ging an den immer länger werdenden Schlangen vorbei, spazierte durch die offene Schiebetür des Supermarktes und beschloß, daß es für heute Abend auch die zwei Kanten Brot und der schrumpelige Apfel tun würden.

Gelöst schritt er durch die klare Abendluft und befand, daß das Leben so schlecht gar nicht sei.

Der Amtsbesuch

Lang war die Schlange im Arbeitsamt, sehr lang. Eigentlich war es gar keine Schlange, sondern ein riesiger Wartesaal, in dem eine unüberschaubare Menge an deprimierten Menschen auf deprimierenden Hartschalenstühlen saß, alle mit einem Nummernzettel in der Hand, der bei den meisten zwischen Daumen und Zeigefinger festgetackert schien, fast wie der EU-Nummerncode für paarhufiges Nutzvieh, aber nicht als Qualitätsmarkierung, sondern als Ausweis der eigenen Unfähigkeit auf dem diversifizierten Arbeitsmarkt eine adäquate Beschäftigung zu ergattern. Die Luft war zum Schneiden und trotz des Rauchverbots klebten toxische Schwaden unter den Rigipsdeckenplatten.

Wie versteinert blieb er stehen, vermied einzelne Personen, die meist schamhaft zu Boden blickten genauer zu betrachten, damit sie sich nicht peinlich berührt fühlten, aber auch um der offensichtlichen Verzweiflung, dem Elend des Daseins nicht zu nahe zu kommen. Minutenlang konnte er sich nicht regen, hielt immer noch den Türknauf in der Hand und blockierte mit der halboffenen Glastür den Zugang zu dieser Zwischenwelt. Ja, es war wohl eine Art Fegefeuer, aus dem man jedoch selten gereinigt hervorging, daß aber auch noch nicht die absolute Hölle der Arbeitslosigkeit und sozialen Ächtung darstellte. Draußen unter der Wittelsbacher Brücke, dort war dann unter Um-

ständen der Weg zu Ende und kein Weg würde zurückführen.
«Geh weiter du Trottel», wurde er unsanft aus seinen Gedanken gerissen und mußte Platz für Nachrückende machen, denn jede Minute zählte, wollte man sich noch eine Nummer vor der amtsgeregelten Mittagspause ergattern. Unwillkürlich stolperte er so in den stickigen Wartesaal und bekam augenblicklich Beklemmungen, die Brust schnürte sich ihm zu, die Luft reichte nicht mehr aus seinen Sauerstoffbedarf zu decken.
Fluchtartig verließ er durch die grauen Gänge eilend das Amtsgebäude und bahnte sich seinen Weg nach Draußen, an die Frischluft, in die Freiheit, zurück ins Leben. Das was er dort gesehen hatte konnte und durfte keine Alternative sein, er würde alles tun, seine beruflichen Perspektiven wieder zu verbessern, Arbeit zu suchen und auch anzunehmen, egal was, wo und unter welchen Umständen – nur hierher würde er niemals wieder zurückkehren, nie.

Kontrolle

Mit voller Kraft stiefelte er in die Eisen, brachte den alten Renault schlingernd zum Stehen, legte krachend den Rückwärtsgang ein und setzte mit Vollgas zurück, bis der Motor heulte. Dann ein geschickter Turn und er bog vorwärts in den nächsten Waldweg ab, heizte über den Schotter zwischen Paunzhausen und Hohenkammer und hoffte, daß die Streifenwagen ihm nicht in dieser Geschwindigkeit folgen konnten. Vielleicht war das eine routinemäßige Kontrolle auf der Landstraße gewesen, womöglich hatten die Polizeiwagen aber auch nur eine Unfallstelle gesichert – genau erkennen konnte er das auf diese Distanz nicht – aber vielleicht suchten sie auch ihn, war er zur Fahndung ausgeschrieben. Allein schon der Anblick von Polizei machte ihn nervös, ließ ihn automatisch in seinen Gefahrenmodus wechseln, die Sinne schärften sich und er fing an instinktiv nach Fluchtwegen Ausschau zu halten, verhielt sich wie ein kriminelles Subjekt, das den optimalen Ausweg sucht. Mit der Zeit wurde er richtig gut in solchen Situationen und noch nie hatten sie ihn erwischen können, denn seine Sensoren in Alarmbereitschaft funktionierten perfekt, wie bei Angehörigen einer Eliteeinheit oder vielmehr wie bei einem Profi, dessen Geschäft die Illegalität ist. Mit seinem auffälligen Fluchtverhalten war er womöglich schon in irgendeiner Spezialkartei erfaßt, dann hätte er sich selbst kriminalisiert ohne je ein Verbrechen begangen zu haben.

Die Flucht durch die verwinkelten Forst im bayerischen Oberland gelang jedenfalls problemlos und wieder fühlte es sich gut an, die Ordnungskräfte einfach abgeschüttelt zu haben.

Irrweg - Umweg - Ausweg

Tief war er in den Wald eingedrungen, die Tannen dampften in der Abenddämmerung, in der Ferne hörte man Wildschweine und allerlei Kleingetier belebte die nähere Umgebung. Der Pfad, dem er seit geraumer Zeit folgte, verlief sich ganz abrupt im undurchdringlichen Unterholz. Erschöpft und leicht durchnässt hielt er inne, spürte wie sich ihm die Kehle zuschnürte angesichts der relativ ausweglosen Situation, denn er war bereits seit vielen Stunden unterwegs und hatte längst die Orientierung verloren, war nurmehr vorwärtsgetrieben von einer nicht begründbaren Hoffnung, tatsächlich auf der anderen Seite des nicht enden wollenden Waldes das ersehnte Ziel erreichen zu können; allein dies hatte ihn bisher am Leben erhalten, nicht nur auf dieser Wanderung, sondern die ganzen letzten Jahre. Nun schien alles zusammenzubrechen; er fühlte sich ganz plötzlich alt, nutzlos und ohne jegliche Motivation, stand einfach nur da und starrte ins Leere.

Es vergingen mehrere Stunden, ehe er durch seinen vor Kälte zitternden Körper darauf aufmerksam gemacht wurde, daß er noch am Leben war, denn sein Geist verharrte in einer Endlosschleife der erschöpften Hoffnungslosigkeit, in der die Gedanken ausweglos um sich selbst kreisten. Durch die urplötzlich die Oberhand gewinnenden Urinstinkte der menschlichen Grundbedürfnisse nach Wärme und einer Mahlzeit kam er unerwartet wieder zu Sinnen und ver-

suchte sich darauf zu konzentrieren, was er in dieser verfahrenen Situation nun tun könnte.
Vor seinem inneren Auge erschienen die Bilder seines bisherigen Lebens, die ihn wieder daran erinnerten, wie er in diese Wildnis geraten war, aus der er nicht mehr recht herausfand. Seine Kindheit war nicht nur von diversen Krankheiten gezeichnet, sondern auch durch eifriges Lernen geprägt, denn zum einen wollte er die bettlägerige Zeit sinnvoll nutzen und zum anderen gab es in ihm diesen unbedingten Drang, seinen Weg raus aus diesem Bergdorf zu finden und nicht wie seine Eltern und Großeltern, die nie eine Schule besucht hatten, sein Leben damit zu verbringen, dem kargen Boden der Abruzzen ein paar wenige Feldfrüchte abzugewinnen oder die wenigen Weidetiere zu hüten. Nachdem der große Revolutionär Garibaldi endlich die Einheit des Landes in die Wege geleitet hatte, kam die allgemeine Schulpflicht, und so war er der erste seiner Familie, der zumindest für einige Stunden am Tag von der Arbeit, die er von Kindesbeinen an gewohnt war, freigestellt werden mußte und die Dorfschule besuchen konnte. Dort faszinierten ihn von Anfang an das Lesen und vor allem die Bücher, was mit den Jahren zu einer immer größeren Leidenschaft, wenn nicht gar Obsession wurde. Er verschlang alle Bücher, derer er habhaft werden konnte, in der sehr übersichtlichen Schulbibliothek, versuchte auch ab und zu, an andere Bücher heranzukommen, die einzelne Honoratioren wie der Pfarrer oder der Bürgermeister bei sich zu Hause stehen hat-

ten, doch war ihm das alles immer noch zu wenig. Bereits als Jugendlicher hatte er sich durch alles auch nur Buchähnliche des gesamten Ortes hindurchgefressen, einschließlich der Bestände der umliegenden Gemeinden, was letztlich aber nicht allzu viel war, denn überall herrschte Armut und selbst Zeitungen kamen nur selten in diese abgelegene Region.
So faßte er schon früh den Entschluß auszuwandern, aber nicht etwa zum Arbeiten in die großen Industriezentren des Nordens wie so manche seine ehemaligen Mitschüler, die ebenfalls des kargen Lebens überdrüssig waren, sondern in die nächste Stadt mit einer großen Bibliothek. Doch lange hielten ihn die Pflichten gegenüber seinen Eltern und jüngeren Geschwistern gefangen, war er doch bald der Einzige, der die harte körperliche Arbeit in vollem Umfang übernehmen konnte. Und so gingen die Jahre ins Land und er unterdrückte so gut es eben ging seinen Durst nach weiteren Bücher, nach Traumwelten und neuen Erkenntnissen, bis er eines Tages, als er schon längst dem Jugendalter entwachsen war und bereits die dreißig knapp überschritten hatte, den nun unerschütterlichen Entschluß faßte loszuziehen, ohne Rücksicht auf Verluste, endlich seinem inneren Verlangen, das in ihm brannte, nachzugeben. So schnürte er am frühen Abend seinen Leinenrucksack, packte einen halben Laib Brot hinein, ein paar Streifen Speck, ein paar Oliven und eine Zweiliterflasche mit leichtem Wein. Sobald es dunkelte, wartete er noch darauf, bis alle Bewohner des Hauses sich zur nächtlichen Ruhe be-

geben hatten, dann öffnete er die alte Holztür und schlüpfte hinaus in die Abendfrische. Kaum hatte er mit ein paar hastigen Schritten das Dorf hinter sich gelassen, atmete er tief durch, füllte seine Lungen mit der klaren Gebirgsluft und spürte seine neu errungene Freiheit.
Unverzüglich schlug er den bekannten Pfad zum nächsten Dorf ein, den er bereits so oft gegangen war, daß er sich zutraute, diesen auch nachts zu finden. Seine Schritte waren behende und doch sicher, war er es doch von Kindesbeinen an gewohnt, die schmalen und mit Wurzeln durchsetzten Bergpfade entlangzueilen. Noch in derselben Nacht schaffte er es allein mit dem Licht des Mondes als Orientierungshilfe einige Dörfer weit nach Westen zu gelangen, immer die grobe Richtung der großen Stadt vor Augen.
Als schließlich der Morgen graute, war er bereits soweit von seinem Heimatdorf entfernt, daß es unwahrscheinlich erschien, daß ihm noch jemand folgen würde, um ihn mahnend zurückzuholen, was ihm gerade recht war, denn eine Begegnung mit einem seiner Bekannten oder Verwandten hätte ihn womöglich, ein schlechtes Gewissen evozierend, umgestimmt und von seinem Ziel abbringen können – doch nichts dergleichen geschah.
Unter einer schattigen Buche am Wegesrand machte er schließlich Rast, legte seine Joppe unter und genoß ein paar der eingelegten Oliven und einen Kanten Brot aus seinem Rucksack. Danach legte er sich erschöpft für ein paar Stunden schlafen und erst, als die

Sonne bereits ihren Zenit überschritten hatte, brach er wieder auf. Die Landschaft wurde im Laufe des Tages immer weniger gebirgig, eher hügelig, dafür aber mit mehr Wald und dichterem Unterholz. Er mochte wohl drei oder vier weitere Stunden marschiert sein, als ihm langsam klar wurde, daß er die angestrebte Richtung nicht mehr eingehalten hatte. Die Vegetation deutete bereits die Ebene an, doch die von ihm passierten Abzweigungen des Weges waren so zahlreich geworden, daß er sich nicht mehr sicher war, ob er noch richtig lag. Zwar konnte er am Sonnenstand die grobe Himmelrichtung ablesen, aber das half wenig, da ihm die gewohnten Bergrücken zur Orientierung fehlten. Hinzu kam, daß der Pfad immer schmäler wurde und das Dickicht zunahm, so daß nach und nach der innere Kompaß versagte. Und während er wiederholt darüber sinnierte, ob gerade dieser Weg ihn noch ans Ziel geleiten würde, war dieser auf einmal am Ende, führte ins Nichts.
Da stand er also nun in dieser ausweglosen Situation, die irgendwie auch sinnbildlich für sein Leben war. Als er dann nach langem regungslosem In-Sich-Verharren durch seine inneren Lebensinstinkte wieder zurück in die Realität katapultiert wurde, entschied er sich für die letztlich einzig vernünftige Möglichkeit, nämlich auf dem bisherigen Pfade bis zur letzten Abzweigung zurückzugehen, um dort erneut sein Glück zu versuchen.
Eine halbe Stunde später stand er an besagter Weggabelung und zu seinem Verdruß führte dieser Weg in

die falsche Himmelsrichtung. Er grummelte in sich hinein, daß dies sicherlich einen großen Umweg bedeuten würde, war aber letztlich doch froh, überhaupt wieder eine Perspektive zu haben. Nach mehr als drei weiteren Stunden, die er nun nach Süden anstatt nach Westen marschiert war, ohne sich dabei einen Schluck Wein oder ein Stück Brot zu gönnen, wobei der Wald kein Ende zu nehmen schien, trat er unversehens auf eine große Lichtung mit einem bescheidenen Häuschen in der Mitte, aus dessen Kamin Rauch aufstieg.

Eigentlich war sein Ziel klar, er wollte so schnell als möglich in die Stadt, seinen lebenslang aufgestauten Hunger nach Büchern zu stillen, doch irgendwie hatten ihn die letzten Stunden im tiefen Wald und das Zurückgeworfensein auf sich selbst leer gemacht, seine Gedanken auf wesentliche, überlebenswichtige Funktionen reduziert. Aber nicht nur das, die Idylle der einfachen Behausung mitten im Wald zog ihn geradezu magisch an.

Er ging unverzagt eiligen Schrittes auf das Häuschen zu und klopfte erwartungsvoll. Für ihn fühlte es sich wie eine Ewigkeit an, doch tatsächlich verging höchstens eine Minute, bis eine junge, einfache Frau die Tür öffnete und überhaupt nicht erstaunt schien, den einsamen Wanderer zu erblicken, der durch die erlittenen Strapazen und die auf der Reise schon reichlich mitgenommene Kleidung nicht besonders vertrauenserweckend aussah. Mit freundlicher Geste bedeutete sie ihm einzutreten und geleitete ihn in die gute Stube der bescheidenen Unterkunft. Fast willenlos folgte er ihr ohne große Worte zu verlieren, setzte sich auf die ihm dargebotene Eckbank und blieb – für immer.

Der Tunnel

Die Dunkelheit schien kein Ende zu nehmen und das schwache Vorderlicht seines Hintermannes reichte kaum dazu aus, die unbehauene Felswand des alten Tunnels so weit zu erleuchten, daß man nicht direkt mit dem Kopf gegen einen Felsen rammte. Dieses Risiko war auch deshalb nicht zu unterschätzen, weil die Strecke bergan ging und man sich beim Treten in die Pedale vor allem auf die Steigung konzentrierte und weniger auf die stockdunkle Umgebung. Das alte Fahrrad ächzte bei jeder Umdrehung der Kette, der Stahlrahmen schien kurz vor dem Bersten und die Lenkung knackte besorgniserregend.

Dennoch warf er sich jedes Mal mit vollem Körpergewicht in die alten Pedale und wuchtete das knarzende Gefährt voran. Bereits auf halber Strecke war ihm klar geworden, daß es bodenloser Leichtsinn, wenn nicht gar reiner Wahnsinn war, daß sie mit ihren Drahteseln ohne Gangschaltung mitten in den italienischen Alpen in einen unbeleuchteten, mehrere Kilometer langen Tunnel einfuhren, der zudem relativ steil bergan stieg.

Als er nach vielleicht fünfzehn Minuten das erste schwache Licht wahrnahm, war dies nicht nur wegen der Entfernung undeutlich und verschwommen, sondern sein Blick war bereits vom mangelnden Sauerstoff getrübt. Jedes Mal, wenn eines der alten Militärmotorräder durch den Tunnel an ihnen vorbeiknatterte, fühlte es sich an, als ob eine Detonation ihnen

das letzte Licht ausblasen würde, und bei jedem schweren Lastwagen, der sie passierte, atmeten sie soviel Kohlenmonoxid ein, daß es für den Erstickungstod einer ganzen Kompanie ausgereicht hätte.
So quälte er sich weiter voran und merkte zunehmend, wie die Lungen dicht machten, nur noch Abgase und immer weniger Sauerstoff aufsaugten, was sich zunächst äußerst beklemmend anfühlte und mit Angstzuständen verbunden war, die er einfach konzentriert wegzutreten versuchte. Dann, nach und nach, wich die Angst vor dem Erstickungstod einem halluzinatorischen Abdimmen eines jeglichen Gefühls. Das Licht am Ende wurde zwar nach und nach größer, doch die Sinne schwanden ihm zusehends und der helle Fleck wurde zunehmend undeutlich - die Asphyxie stand kurz bevor.
Als er schließlich mit letzter Kraft und schlingerndem Fahrrad am Ausgang des Tunnels ankam und ins Freie hinausfuhr, waren seine Sinne völlig überfordert. Das gleißende Licht der Sonne bereitete unsägliche Kopfschmerzen und der plötzliche Sauerstoffschub führte dazu, daß sein Kreislauf völlig in sich zusammenbrach und er sich einfach samt Fahrrad in den Straßengraben fallen ließ, wo ihn nicht nur die wohlige Wärme des Sommerbodens empfing, sondern er in einen Zustand verfiel, in dem er zwischen Ohnmacht und Betäubung mit geschlossenen Augen regungslos verblieb.

Begegnung

Die asiatische Küche gehörte eigentlich nicht zu seinem präferierten Speiseplan, aber diese Thai-Suppe, was auch immer sie enthielt, befand er als das Beste, was ihm seit langem passiert war. Könnte natürlich auch daran liegen, daß es halb vier Uhr früh war und er nach drei oder vier Bier und einem halben Joint einfach einen unglaublichen Appetit entwickelt hatte, sich völlig ausgehöhlt fühlte und sogar das dazu gereichte, trockene Weißbrot als zumindest recht gut erachtete. Vielleicht lag es aber auch an ihr, daß sie das alles mit ihm teilte, ihn zu dieser coolen Location, einem aufgelassenen, zu einem Club umgestalteten, alten Fabrikturm mitgenommen hatte, um mit ihm gemeinsam durch die Nacht zu tanzen, tiefsinnige und unsinnige Gespräche zu führen. Er löffelte die nach Kokos und irgendwas Scharfem schmeckende Suppe, lächelte zu ihr hinüber und war glücklich, so wie sie in der milden Sommernacht auf den Betonstufen des ehemaligen Fabrikgeländes saßen, den Beat im Rücken, die süßlichen Rauchschwaden über den Köpfen, in Erwartung der Morgendämmerung.

Nein, sie war nicht seine Freundin, er wußte noch nicht einmal, ob er sie liebte, aber es fühlte sich unheimlich gut an, daß sie da war. Eigentlich hatten sie nicht viel gemeinsam, bei Lichte betrachtet überwogen wohl eher die Kontraste, war sie doch Studentin der Betriebswirtschaft, legte viel Wert auf Konventionen und wußte zumindest abstrakt genau, was sie im

Leben wollte, während er als typischer Geisteswissenschaftler mit seinem Geschichts- und Philosophiestudium keinen wirklichen Plan hatte, sich treiben ließ und sogar zu faul war, seine Auflehnung gegenüber der Gesellschaft auszuleben. Und doch funktionierten beide sehr gut zusammen, regten sich in den Kaffeepausen über die Ungerechtigkeiten im Studium auf, zu teure Wohnungen, schlechte Feiern, warmes Bier und Leute ohne Haltung. Sie unternahmen zusammen Ausflüge mit dem Fahrrad oder suchten den optimalen Badeplatz am Fluß oder an einem der zahlreichen Seen des Oberlandes.

So vergingen die Semester mit nicht wenigen Prüfungen und Feiern und ab und zu fragte er sich, ob da wohl mehr sein könnte, aber es blieb meist bei einer spätnächtlichen, innigen Umarmung und da sie sich auch nie in irgendeiner Weise eindeutig verhielt, beließ er es dabei, unternahm keinen Versuch, der ihre Freundschaft hätte gefährden können – wenn es so war, wie es war, war es wohl richtig, dachte er bei sich und verdrängte alle weiteren Überlegungen.

Das Ende des Studiums, das sie trotz unterschiedlicher Fächer tatsächlich zur selben Zeit meisterten, wurde groß gefeiert, mehrmals, mit verschiedenen Freundeskreisen; feierliche Versprechen gab es allseits, sich bloß nicht aus den Augen zu verlieren, und alles mußte so bleiben, wie es immer war, nur ohne Prüfungsdruck.

Es dauerte genau ein Jahr und am Ende des Jahres wurde ihm klar – und wahrscheinlich auch ihr sowie allen anderen –, daß das Leben seine eigene Realität hat. Zu Beginn versuchte man sich noch einigermaßen regelmäßig zu treffen und jedes Mal gab es ein großes Hallo, wie es denn so laufen würde, und man war froh, einander zu sehen, über die alten Zeiten quatschen zu können, aber auch über die Probleme bei der Eingewöhnung in einen neuen, ungewohnten Arbeitsalltag.

Mit der Zeit wurden die Treffen seltener, manchmal beschränkte man sich nur noch aufs Telephonieren und irgendwann, nachdem die Abstände bereits erheblich geworden waren, gab es da dieses Loch. Sie rief nicht mehr an und er hatte immer weniger Lust, selbst die Initiative zu ergreifen, dachte auch immer seltener an sie. Etwas ging zu Ende, nicht abrupt, sondern eher schleichend, aber nichtsdestoweniger eindeutig.

Irgendwann erfuhr er über gemeinsame Freunde, die er zufällig traf, daß sie geheiratet hatte, und zwei Jahre später, oder auch drei, hieß es, daß sie wohl eine kleine Tochter bekommen hätte und dann – nichts mehr. Die nächsten Jahre dachte er nur noch sehr sporadisch an sie, so wie man vielleicht an einen schon seit ewigen Zeiten nicht mehr gesichteten Schulfreund dachte, im Zuge einer allgemeinen, melancholischen Rückbesinnung, aber letztlich weitgehend emotionslos.

Eines Tages, auf einer dieser inzwischen schon recht steif gewordenen Wohnungseinweihungsfeiern bei Freunden, wo sich alle nur noch bei teurem Wein oder

Aperol über Vermögensanlagen, Familien- und Karriereplanung unterhielten, sah er sie. Sofort erkannte er sie an allen Köpfen und Schultern vorbei, wie sie, ganz wie früher, lässig ihr Helles hielt und die blonden Strähnen locker zusammengesteckt trug, alle mit ihrem Lachen ansteckte und dabei kein bißchen aufdringlich wirkte. Bevor er sich überhaupt entscheiden konnte, ob und falls ja, wie er sie ansprechen sollte, stand sie schon vor ihm, umarmte ihn innig und freute sich sichtlich, daß sie ihn nach so vielen Jahren endlich wiedersah. Nach den für ihn ersten, eher angespannten Minuten verfielen beide wieder in ihren alten Modus und unterhielten sich über Tod, Teufel und das Leben - sie funktionierten zusammen wie ehedem. Und dann war sie wieder weg, einfach so.
Als einer der letzten Gäste verließ er die Feier, ging ein paar Schritte durch die dunkle Nacht, setzte sich auf die Stufen vor einem Hauseingang und zündete sich eine Zigarette an. Langsam, fast zeremoniell blies er den Rauch in den Abendhimmel. Er fühlte nichts. Wie konnte das sein, sie bedeutete ihm einstmals so viel, und jetzt? Sie hatte ihr Leben, er seines - sonst nichts. Er rauchte weiter, seine Augen fühlten sich feucht an, aber keine Träne fand ihren Weg hinaus.

Arbeitsweg

K. stellte seine Aktentasche präzise so auf seinem Schoß ab, daß die Bügelfalten seiner Hose keinen Knick bekamen. Exakt zweiundzwanzig Minuten dauerte seine Fahrt in der Straßenbahn Nr. 28 über die Hügel von *Lisboa*. Jeden Morgen das gleiche Ritual, zur selben Uhrzeit. Er war auf Pünktlichkeit bedacht, kleidete sich akkurat, ging gewissenhaft seiner ihm auferlegten Tätigkeit nach. Seine Haltestelle war der *Largo Chiado*. Von dort hatte er nur noch fünf Minuten Fußweg. Angekommen im Café *A Brasileira* öffnete er seine Aktentasche, zog behutsam einen Bogen weißes Papier hervor sowie einen frisch gespitzten Bleistift und begann das Dichten.

La ruelle – © Roger Montagne

Das Stadttor

Die Gräser waren in voller Blüte und gaben ihre Pollen frei, die munter über die Auen der Schwabach tänzelten und sich ganz den Böen des warmen Frühlingswindes hingaben. Folgt man den Biegungen des Flußlaufes stadtauswärts gelangt man, die ersten Obsthaine an den sanften Hügeln den Schwabachtales hinter sich lassend, alsbald in die alte Marktgemeinde Neunkirchen am Brand.

Zugegeben, die ersten Wolken verdichteten sich bereits, doch noch war das Wetter von einer wohligen Spätfrühlingssonne geprägt, als er der kurvigen Straße folgte, die geradewegs auf das alte Stadttor hinführte. Mit mäßiger Geschwindigkeit rollte er auf seinem alten Velo auf den Torbogen zu, immer bereit auszuweichen, wenn das alte Sandsteingemäuer zu eng werden würde für mehrere Fahrzeuge, als sein Blick wie zufällig rechterhand auf einen kleinen Hauseingang vor dem Stadttor fiel.

Es durchzuckte ihn, ein Adrenalinstoß fuhr durch seinen Körper und für einen Augenblick war er völlig gelähmt; der Anblick dieser alten Frau mit ihren tiefschwarzen Augen, die plötzlich vor diesem nie gesehenen Seiteneingang stand und ihn in bleiernen Sekunden starr fixierte, von der er sich nicht lösen konnte, bannte ihn vollständig; eine Frau in einer farblich nicht mehr definierbaren, abgewetzten Kittelschürze, grauen Haaren zu einem strengen Dutt gebunden und einem ausdruckslosen Gesicht wie auf den Schwarz-

weiß-Photographien des vorletzten Jahrhunderts. Er bildete sich sogar ein einen Blitz durch die auf einmal dunklen Wolken zucken gesehen zu haben, doch der größte Schrecken während dieser unheimlichen Gesamterscheinung war, daß er glaubte sein eigenes Spiegelbild in den Augen der eigentlich viel zu weit entfernt stehenden Frau erkannt zu haben.
Noch Tage später kam er nicht zur Ruhe, wälzte sich oft nachts umher und fragte sich, was das wohl zu bedeuten hätte. Eigentlich glaubte er an nichts - und trotzdem, das Bild ließ ihn nicht mehr los.

Neulich

Er schlenderte gemütlich den Spazierweg entlang und genoß die laue Frühlingsluft am Rande der beschaulichen Kleinstadt. Sanft mäanderte der Pfad dem Stadtbach folgend, schlängelte sich alsbald durch saftige Wiesen, die langsam ihre Blütenpracht entfalteten und mündete dann in einen idyllischen Kiefernwald. Den Duft der immergrünen Kiefern mochte er sehr, denn wenn er diesen satten und zugleich feinen Geruch einatmete, fühlte sich fast an mediterrane Gestade versetzt und seine sowieso schon gute Laune hob sich noch einmal merklich.

Bisher war ihm noch niemand begegnet, was ihn langsam etwas nervös machte. Sein Experiment könnte gefährdet sein, denn ohne geeigneten Probanden ging es keineswegs. Es verging fast eine halbe Stunde bis er schließlich in der Ferne einen Jugendlichen erkannte, der den Kopf gesenkt ihm entgegensteuerte, in der betont gelangweilten Art seiner Generation. Hoffentlich hat er keine Kopfhörer auf, dachte er sich, denn das würde die Sache erheblich erschweren, wenn nicht gar unmöglich machen. Doch beim Näherkommen erkannte er, daß seine Befürchtungen unnötig waren, der junge Mann hatte eines freundliches Gesicht und schien nur ein wenig abgespannt zu sein, von der Schule, der Uni oder auch der Arbeit, wer konnte das schon wissen.

Als der Jugendliche schon fast an ihm vorübergegangen war, drehte er sich abrupt um und sprach ihn an:

«Entschuldigung bitte». Fast teilnahmslos hielt der junge Mann inne und wendete sich seinem älteren Gegenüber zu. Jetzt war sein großer Moment gekommen, er holte tief Luft, konzentrierte sich und dann brach es mit voller Wucht aus ihm heraus: «Du elendiger, gottverdammter Idiot, du riesiges Arschloch, du....».

Die Beschimpfungen waren so intensiv und wüst, daß ihm die Halsschlagader schwoll und er ob der enormen Anstrengungen bald kaum mehr Luft bekam. Nach exakt zwei Minuten brach er ab, ließ den verdutzten Jugendlichen, der kaum die Chance einer Reaktion, geschweige denn einer Entgegnung hatte, einfach stehen und zog frohgelaunt seines Weges.

Am Rhein

Er zitterte am ganzen Leib und schaffte es nur mit letzter Kraft sich auf die schmale Kiesbank am Ufer des Flusses zu schleppen. Erschöpft blieb er ein paar Augenblicke liegen, atmete tief, doch der durchdringende Geruch nach Altöl, Fisch und unbestimmbaren Chemikalien ließen ihn wieder zu sich kommen. Glücklicherweise hatte er seinen Rucksack mit den trockenen Kleidern sicher im Ufergestrüpp hinterlegt bevor er sich auf dieses unwägbare Unternehmen einließ. Das Schlauchboot war jedenfalls wie geplant ein Opfer des reißenden Stroms geworden. Rückblickend hatte er mehr Glück als Verstand gehabt, denn die wahnwitzige Unternehmung sich den Stromschnellen unterhalb des Loreley-Felsens auszusetzen, um die berühmte Sage nachzuempfinden war im Nachhinein nicht gerade glorreich. Das Fazit konnte nur sein: die Gefährlichkeit des Gewässers ist unbestritten, das mit der holden Schönheit - als der angenehme Part - wohl doch eher Legende, um vom eigenen Versagen als Schiffsführer abzulenken.

Er ließ sich jedoch nicht unterkriegen, packte seinen Drahtesel und radelte nach einer kleinen Stärkung und in trockenen Klamotten flußaufwärts; nur ab und zu, wenn er einen Blick auf die Biegung des mächtigen Stroms riskierte, schauderte es ihn noch, war er doch nicht nur knapp den Unbilden des Wassers entkommen, sondern auch den zahlreichen kreuzenden Frachtschiffen, die zwischen Basel und Rotterdam schwere Ware durch Europa transportierten. Seine nächste Station war Bacharach. Unten im Ort angekommen, ließ er, sobald das Kopfsteinpflaster begann, sein Fahrrad an einer Hausmauer stehen und machte sich zu Fuß durch die steilen Gassen auf, die anvisierte Kirche zu suchen. Es waren nur wenige, wenn auch mühsame Meter und alsbald stand er inmitten eines gotischen Kirchenschiffs - ohne Dach und ohne Fenster. Die Wirkung dieses Bauwerkes war jedoch in diesem Zustand, in dieser Landschaftskulisse weitaus größer und tiefergehend als zu Zeiten seiner sakralen Nutzung.

Er setzte sich auf eine kleine Mauer vor eines der himmelwärts strebenden gotischen Fenster des Langhauses und blickte versonnen auf den Rhein. Es war ihm klar, daß Rabbi Abraham ihn hier nicht besuchen würde, trotzdem war er glücklich und dachte, eingehüllt in einem Gefühl aus innerer Zufriedenheit und Erschöpfung: Rhein-Tourismus extrem lohnt sich allemal.

La rivière – © Roger Montagne

Die Rast

Der Nebel war undurchdringlich und lastete schwer auf der Landschaft. Mühevoll, jeden Schritt sich vorwärtskämpfend stapfte er durch den tiefen Schnee, so gut wie ohne Sicht. Das Weiß des dichten Nebels wurde eins mit dem Weiß der Felder, Bodenunebenheiten lösten sich auf, der Horizont begann bereits nach wenigen Metern. Die feuchte Luft grub sich in seine Lungen, er atmete schwer und es bildeten sich gefrierende Kondenstropfen an seinem Kragenrand. So wanderte er, nein schleppte er sich Meter um Meter vorwärts, in der Hoffnung endlich eine Unterkunft für den hereinbrechenden Abend zu finden. Doch je weiter die Dämmerung fortschritt, desto so aussichtsloser schien das Unterfangen, keine Behausung war in Sicht, noch nicht einmal ein aufgelassener Heuschober oder sonst ein Zeichen von Zivilisation, wo er Zuflucht gefunden hätte.

Es war bereits schon fast so düster geworden, daß er sich in aller Verzweiflung ausmalte, wie er sich mit bloßen Händen eine notdürftige Schneehöhle graben müßte, um nicht jämmerlich zu erfrieren, als er im nebligen Dunkel die Umrisse von einem Baum erkannte. Und tatsächlich, er erkannte immer deutlicher die Silhouette eines riesigen Ahorns, das einzige höherstehende Gewächs im Umkreis von vielen Kilometern. Mit neu erwachtem Elan steuerte er, sein Stapfen beschleunigend, geradewegs darauf zu, gleichsam sich eines unsichtbaren Rettungsseils entlanghangelnd. Nie war er so glücklich über den Anblick eines Baumes gewesen; er bot ihm Schutz unter seinen langen herabhängenden Ästen, die ob des frühzeitigen Wintereinbruchs noch mit einer Vielzahl von Blättern bestückt waren, so daß darunter sich kaum Schnee verfangen hatte. Erleichtert machte er sich es bequem, lud sein Gepäck ab und drückte sich mit dem Rücken an den Stamm des alten Ahorns. Er baute sich ein notdürftiges Lager, suchte seine letzte Brotzeit heraus und kauerte, eingehüllt in eine Decke, müde und dankbar an den weitverzweigten Pflanzenriesen. Für heute war er gerettet, das Morgen war weit weg und kein Gedanke wert.

Technikprobleme

Er kam einfach gar nicht damit zu Recht. Wieso mußte der Schmied ausgerechnet diesmal eine neue Verschlußtechnik an den Spanischen Stiefeln ausprobieren. Jost der Henker war zutiefst erbost und stapfte verdrossen durch die rauchgeschwängerten Gänge des Lochgefängnisses. Die Nürnberger Ratsherren würden außer sich vor Wut sein, wenn er in ein paar Stunden womöglich den «dürren Jörg» zur peinlichen Befragung herabgebracht bekäme und die entsprechend der Halsgerichtsordnung vorgeschriebene Tortur zweiten Grades würde nicht durchgeführt werden können. Er trug nämlich eine große Verantwortung, denn die einzelnen Stufen der Tortur zur Erbringung eines Geständnisses waren in ihrem Ablauf streng festgelegt. Und dieser Dormitzer Gauner war gerissen, er wußte genau, was er ertragen konnte und wieviel er unter welcher Folter wohl preisgeben würde, weil ihn der Schmerz zermürbte.
Jost hatte dafür Sorge zu tragen, daß alles reibungslos ablief, die Instrumente mußten ständig gewartet werden, die Technik einwandfrei funktionieren. Versagte eines der eisernen Geräte, würde er womöglich bald das Schicksal der einsitzenden Delinquenten teilen. Bei diesem Gedanken schauerte es ihn und der Schweiß trat auf seine Stirn.
Um seine Angst in den Griff zu bekommen, ging er geradewegs in die Garküche der Katakomben und holte sich eine Kelle von dem Kaldauneneintopf und

einen steinernen Krug mit kräftigem Schwarzbier. Und tatsächlich, es wirkte. Kaum hatte er etwas von der warmen Mahlzeit im Magen und diese mit ein paar großen Schlucken des Hopfengebräus aufgeschäumt, wurde ihm klar wie die neue Schließe gedacht war.

Zufrieden setzte er sich in die unterirdische Wachstube und begann vorsorglich schon mal sein Henkersschwert zu schleifen – der «dürre Jörg» würde sicher bald alles gestehen und dann konnte er mit seinen eigentlichen Qualitäten glänzen und die Hinrichtung am Endlichen Rechtstag mit vollendetem technischen Fingerspitzengefühl durchführen und mußte nicht mehr nebenbei für den kürzlich verstorbenen alten Wahnfried den Aushilfsfolterknecht mimen und sich mit diesen Kleinigkeiten der ersten und zweiten Tortur abgeben.

Der Balkon

Langsam brach die Dunkelheit herein, nach und nach schalteten sich die Straßenlaternen der Umgebung ein, hier und da sah man immer deutlicher ein beleuchtetes Fenster in einer Wohnung und manchmal sogar ein oder zwei in einem der gläsernen Bürotürme. Der Verkehr wurde hektischer, Ampeln flackerten in wechselnden Farben und alles strebte heimwärts. Er stand auf seinem betongrauen Balkon mit dem unbepflanzten Blumentopf und rauchte in den Abend hinein.

Es wurde Nacht, die herbstliche Dunkelheit undurchdringlich, nur aufgelockerten durch die blauen Dunstschwaden des einsamen Rauchers im dritten Stockwerk eines Wohnblocks. Die frühen Morgenstunden waren fast schon eisig, bevor das trübe Morgengrau langsam das Schwarz der Nacht ablöste. Die Stadt erwachte und die Abgase der alten Dieselmotoren verbreiteten einen unzusammenhängenden Schleier aus toxischen Schwermetallablagerungen durch die sich die morgendlichen Arbeiter und Angestellten zu ihrer Arbeitsstätte quälten. Noch immer stand er auf seinem Balkon und rauchte, blickte versonnen in das Grau des Alltags und beobachtete die Szenerie. Es wurde Mittag, es wurde Abend und wieder Nacht. So vergingen die Stunden, Tage und Wochen. Es war nicht ersichtlich, ob er je etwas anderes machte als dort auf seinem Balkon zu stehen und zu rauchen. Wenn, dann war alles andere ein Nebenaspekt seines

Daseins. Womöglich ging er auch mal in seine Küche oder in sein Badezimmer, aber es spielte keine Rolle. Seine Existenz war limitiert auf das Rauchen und das Beobachten. Reagieren war nicht das Seine. Ob er über all das Nachdachte, was er sah oder sich einfach nur zum Nachdenken auf den Balkon stellte oder ob ihm das Rauchen beim Denken half - niemand wußte es.

Eigentlich war es auch nicht wichtig, denn allein seine Haltung war die eines Philosophen. Es war die vollkommene Reduktion seiner Existenz auf zwei Tätigkeiten: das Rauchen und das Beobachten.

Der Stylit

Die Erlösung von seinen Sünden spürte er förmlich mit jeder weiteren Stunde, die er hier oben verbrachte. Essen und Trinken waren streng rationiert, bekam er doch nur alle paar Tage über eine Leiter etwas gereicht, was gerade so das Überleben ermöglichte. Es war zweifellos die strengste Form der Askese, denn nicht nur der Entzug der Nahrung wirkte sich aus, auch die Einschränkung der Bewegungsfreiheit und vor allem die durch die Ortsgebundenheit verursachte, fehlende Abwechslung der Sinne, verlangten extremen Anstrengungen nicht dem Wahnsinn zu verfallen. Er konnte sich auf diese Weise ganz auf sich selbst konzentrieren, immer der Gefahr ausgesetzt, daß die Gedanken so um ihn selbst oder das Fehlen der grundlegenden menschlichen Bedürfnisse kreisten, daß er dem Irrsinn anheimfallen könnte.

Oft war er stundenlang alleine, manchmal auch viele Tage, aber es gab auch Zeiten da nahmen Gläubige den weiten Weg durch die syrische Wüste auf sich, um den Mann zu sehen, der hier oben auf jener Säule hauste und tief im Gebet verharrte. Manchmal kamen auch andere Anachoreten, die die Erfahrung der Askese mit ihm teilten und ihm Mut zusprachen. Denn unabhängig davon, ob man sich in eine Höhle abseits der Zivilisation zurückzog, in eine selbsterrichtete Lehmhütte oder es sich nicht ganz so schwer machte und nicht eremitisch, sondern als Koinobit lebte, der

Stylit hatte unzweifelhaft das härteste selbsterwählte Los.
Stunde für Stunde, Tag für Tag saß er also auf der steinernen Säule, während die Sonne auf ihn niederbrannte und er von innen und außen immer mehr auszehrte. Nach und nach wurde er immer bekannter, denn so lange hatte es bisher noch niemand in dieser Form der absoluten Askese ausgehalten und die Leute strömten von nah und fern, um ihm die Ehre zu erweisen, ihn zu ermuntern oder einfach aus reiner Neugier.
Eines Tages war es jedoch wieder ganz still geworden, keine Menschenseele war erschienen und die Luft stand still, flimmerte trügerisch. Der Stylit wußte, was dies bedeutete, er kannte dies nicht nur aus seiner Heimat, sondern auch aus anderen Wüstengegenden, in denen er zuvor gepredigt hatte: der Samum nahte. Und tatsächlich, kaum eine Stunde später hob er an, die ersten Vorboten peitschten bereits den Sand durch die Dornensträucher, bis es dann wirklich dunkel wurde am Horizont. Der Samum verschonte kein Lebewesen und wer sich nicht rechtzeitigt in Sicherheit brachte, Schutz suchte, der war verloren, erstickte gnadenlos an den feinen Sandkörnern, die der Sturm einem mit aller Macht in die Atemwege drückte, Augen, Ohren und Nase verstopfte.
Am nächsten Morgen zeigte sich die Landschaft friedlich wie ehedem in der aufgehenden Morgensonne, nur geringfügig verändert durch ein paar neue, sanft geschwungene Sanddünen. Bald kamen auch die ers-

ten Menschen und ließen ihren Blick vorsichtig über die kargen Hügel schweifen, ob sie wohl den Styliten erblickten. Und ja, er war noch an seinem Platze, hatte sich mit einem Seil aus Palmfasern an die Plattform der Säule gebunden und war – erlöst.

Die Pause

Erst eine Stunde war vergangen und dennoch fühlte er bereits wieder diese innere Leere; hinzu kamen ein gewisser Schwindel und hämmernde Kopfschmerzen. Eigentlich war ihm schon schlecht geworden, als er heute Morgen den Computer nur hochfuhr. Seit Tagen, Wochen, nein Monaten machte er nichts anderes als die Kundendatenbank zu pflegen, Daten eingeben, löschen, überprüfen, abgleichen, aktualisieren - ein nie endend wollender Kreislauf. Es saugte ihn aus, machte ihn lethargisch, aggressiv gegen sich und seine Umwelt. Sein Kopf ertrug einfach diese geistige Armut und Leere nicht mehr und der Rest seines Körpers fühlte sich an wie nach einem langen Krankenhausaufenthalt, völlig entkräftet. Aber er wußte auch, daß er auf das bescheidene Gehalt angewiesen war, und so kämpfte er sich weiter, von Minute zu Minute, von Stunde zu Stunde, tagaus, tagein. Heute wollte die Zeit aber einfach nicht voranschreiten, er erlebte jede Minute als tausendfache Qual, jeder Datensatz erschöpfte ihn wie die Arbeit in einem Bergwerk. Auf diese Weise schleppte er sich bis zu dieser ominösen Zeitgrenze, ab der alle Kollegen begannen «Mahlzeit» zu rufen, unabhängig davon, ob sie gerade auf dem Weg in die Kantine waren oder nicht. Jetzt versuchte er nochmals, besonders hart gegen sich selbst zu sein, würgte einen Datensatz nach dem anderen in den Rechner hinein, sollte er doch daran krepieren - aber leider war kein Systemabsturz in Sicht.

Doch bald nach Mittag - der größte Trubel in der Kantine war bereits vorbei und in dem Hamburger Büroturm kehrte wieder betriebsame Ruhe ein - als er gerade versuchte, einen letzten Datensatz zu vervollständigen - es fehlte nur noch die Postleitzahl des fraglichen Unternehmens -, versagten ihm die Hände. Er brachte einfach nicht mehr die Finger auf die Tastatur, um diese letzte Angabe vor seiner Pause einzutippen. Es war wie eine Lähmung, der Befehl des Gehirns wurde schlichtweg nicht mehr an die Muskelrezeptoren weitergeleitet. Er zitterte, Schweiß brach aus, aber er starrte wie paralysiert weiterhin auf den Bildschirm und konnte sich nicht lösen - eine Art Patt-Situation für ihn und den Computer. Doch er spürte, daß er nicht gewinnen konnte.

Nach einigen Minuten des krampfartigen Verharrens in dieser Position, wandte er sich plötzlich vom Bildschirm ab, drehte sich wie in einem Adrenalinschub um, sprang von seinem Bürostuhl hoch und rannte so schnell er konnte zum Notausgang, dann weiter die Sicherheitstreppe hinunter und im Erdgeschoß angekommen stieß er die beiden Stahltüren mit großer Wucht auf. Endlich stand er im Freien, holte einmal tief Luft, blinzelte in die Sonne, prüfte die Umgebung, als ob er sie noch nie wahrgenommen hätte, und rannte weiter. Er lief durch die halbe Stadt, über rote Ampeln, Brücken, Kreuzungen, an verwunderten Menschen vorbei, bis er schließlich am Strand der Elbe ankam. Dort ließ er sich einfach in den Sand fallen und blieb sitzen. Er bewegte sich nicht weiter, schaute auf den Schiffsverkehr des Flusses und ließ sich den Wind durch die Haare wehen. So verging Stunde um Stunde. Sein vollgeschwitzter Anzug war inzwischen wieder getrocknet, doch mit den letzten Sonnenstrahlen wurde es empfindlich kühl. All dies störte ihn jedoch nicht im Mindesten, denn für ihn zählte nur eines: Pause, er wollte endlich Pause haben, richtige Pause. Er trank auch nichts und aß nichts, schien nichts zu brauchen. So saß er weiterhin an dieser Stelle am Strand und die Nacht brach herein. Und es wurde wieder Tag und er saß immer noch da und bewegte sich nicht, denn er wollte in seiner Pause einfach nichts machen. So verging ein Tag nach dem anderen. Und als man ihn schließlich zwei Wochen später fand, saß er immer noch da, sein Leichnam schien in einer immerwährenden Pause zu verharren.

Eskapismus

Sein Wohnblock hatte nur acht Stockwerke, war aber trotzdem einer der häßlichsten der Stadt; graue Betonfassade, keine Balkone, Terrassen oder sonstige Elemente, die die harte urbane Struktur aufgelockert hätten. Sein Ein-Zimmer-Appartement befand sich im sechsten Stock, Südseite. Die wenigen Quadratmeter mußten optimal genutzt werden, entsprechend funktional war er eingerichtet, nichts Überflüssiges, kaum etwas Individuelles oder Persönliches. Sein Leben fügte sich in die Pragmatik der wabenartigen Wohneinheit, alles war geregelt. Aufstehen um sechs Uhr, Fahrt zur Arbeit mit der Straßenbahn gen sieben, Mittagspause von zwölf bis halb eins, Dienstschluß um vier Uhr nachmittags, dann Abendbrot um sieben und Fernsehen oder Lesen von acht bis zehn. Änderungen waren ihm zuwider.

Eines Nachts jedoch zog ein starkes Gewitter über die Stadt hinweg, der Sturm fegte über die Dächer, der Regen prasselte laut auf die Straßen und die nahen Blitzeinschläge sorgten für sekundenlange Tageshelligkeit. Ohne, daß er wirklich Angst hatte, war es ihm aber doch nicht möglich zu schlafen, zu unberechenbar und wild zeigte sich die Natur. Als Regen und Donner endlich nachließen, graute bereits der Morgen und er begab sich schlaftrunken an sein Fenster, aus dem er noch nie wirklich hinausgeblickt hatte. Mit Erstaunen sah er die weite Hügellandschaft, die sich am Horizont ausbreitete, mit Wäldern und Tälern, durch die sich schmale Flußläufe schlängelten. Die Wolken hingen noch teilweise in den Baumwipfeln, während an anderer Stelle bereits die Sonne die Wiesen zum Dampfen brachte. Er war überwältigt. Wieso hatte er all die Jahre diese Landschaft vor den Toren der Stadt ignoriert, nie bewußt wahrgenommen, wie war das möglich gewesen? Gefangen in seinem Alltag hatte das graue Wohnhaus in der trostlosen Stadt ihn vollständig sediert, unempfindlich gemacht für die Reize des Lebens an sich. Doch nun war ihm klar, daß es ein Leben außerhalb seiner Welt gab, ein Leben, das auf ihn wartete. Hastig zog er sich an, verstaute ein wenig Proviant in seiner Einkaufstasche, nahm den alten Filzhut aus der Garderobe und brach auf.

Guten Mutes und mit großer Entschlossenheit ließ er den Aufzug links liegen und ging über das Treppenhaus in Richtung Ausgang. Er trat durch die Haustür des Wohnblocks ins Freie, atmete tief durch und ging zurück in sein Apartment.

Le sentier – © Roger Montagne

Gastspiel

Ein letztes Mal streifte er durch die leeren Straßen und Gassen, die kurz vor dem Morgengrauen eine angenehme Kühle ausstrahlten. Fast an jeder Ecke wurde er von Erinnerungen übermannt, seufzte und ließ sich trotzdem weiter treiben, um noch so viel wie möglich von diesen Orten der Begegnung in sich aufsaugen zu können. An der einen oder anderen Stelle hielt er inne, schloß die Augen und versuchte etwas einzuatmen, einen Geruch aufzunehmen, den er mitnehmen könnte. So schwer es ihm fiel, er wußte, es war besser aufzubrechen, die Stadt, sein Zuhause der letzten zwei Jahre, zu verlassen, Distanz zu schaffen, in der Hoffnung sich nicht nur räumlich von diesem Fixpunkt zu entfernen. Er hatte keine wirkliche Wahl. Selbst wenn sie umziehen würde, bliebe doch alles von ihr zurück und würde nur schwerlich verblassen.

Rückkehr

Seine Anspannung stieg bereits, als er kurz nach St. Étienne die Autobahn verließ und die Landschaft hügliger wurde, die Flußläufe reißender und die Straßen kurvenreicher; doch nun, wo er sich La Chaise-Dieu näherte, wußte er, nein spürte er, daß der Ort, zu dem es ihn ganz unweigerlich hinzog, nicht mehr weit war. Nach einigen Minuten konzentrierten Fahrens, konnte er beobachten, wie die berühmte Kathedrale von La Chaise-Dieu im Rückspiegel immer kleiner wurde; die *route nationale* verengte sich zunehmend und war in einem erbärmlichen Zustand. Im Vorbeifahren streifte sein Blick die zahlreichen Heidelbeersträucher im Wald, die blühenden Hecken an den Feldwegen; dahinter weitete sich der Horizont zu den moosbewachsenen kahlen Hügeln, den Ausläufern des *Massif Central*.

Beim Anblick der ersten Häuser drosselte er die Geschwindigkeit, fuhr innerlich äußerst gespannt die Kopfsteinpflasterstraße langsam bergan, parkte auf dem verlassenen Marktplatz des Bergdorfes und stieg aus. Tief und bewußt atmete er ein, füllte seine Lunge mit auvergnatischer Luft und lenkte seine Schritte in Richtung Ortsausgang. Das Jackett über die Schulter geschwungen, lief er nachdenklich aber entschlossen hügelwärts. Das Eckhaus seiner Kindheit, welches durch seine Lage an einer steilen Kurve drei Stockwerke mit Straßenzugang besaß, bedachte er nur mit einem flüchtigen Blick. Sein eigentliches Ziel war die

Burgruine über dem Dorf, das war sein Platz, sein Zuhause, sein Ort der Erinnerung. Der Feldweg mündete bald in einen Graspfad und schließlich mußte er mit einigen beherzten Griffen in den Fels die letzte Steilstufe überwinden.

Dann stand er endlich oben. Das alte Gemäuer im Rücken, sah er am Horizont die *Monts du Cantal*, unter sich die Dorfkirche und seitwärts die unendlichen Hügel und Wälder des Vorlandes. Er roch den Thymian zwischen den Felsritzen, das Moos und die Bergblumen. Er war zufrieden. Fast zwanzig Jahre war er nicht mehr an diesem Ort gewesen, obwohl er sich so oft hierher zurückgesehnt hatte. Nichts hatte sich verändert, zum Glück.

Ja, es war gut, für diesen Augenblick zurückgekehrt zu sein. Und doch – er hatte sich etwas Besonderes erwartet, einen magischen Moment, ein Hochgefühl, ein Überwältigtsein – nichts dergleichen. Es war einfach ein schöner Ort, mit dem er eigentlich nichts mehr verbinden konnte, kein wirkliches Gefühl. Zufrieden und gedankenleer saß er auf diesem Burghügel…und es war gut.

Unterwegs

Nach Mitternacht werden die Straßen langsam leer, die Müdigkeit senkt sich über die Landschaft, umso wacher ist hingegen sein Blick, stechend durchdringt er die Dunkelheit, heftet sich wie die Reifen seines Wagens auf den naßkalten Asphalt, Kilometer für Kilometer, die er nordwärts strebt, immer im Takt seines alten Sechszylinders, den er zur Höchstleistung peitscht, denn weiter muß es gehen, vorbei an Dörfern und Städten, an Schildern, die wieder in der Nacht verschwinden, noch ehe man sie entziffern kann, an Lichtern, die ein anderes Leben vermuten lassen, ein Leben, dem er zu fliehen trachtete, weg, raus aus den Zwängen, rauf auf die Straße, rein in die Nacht, ins Ungewisse, zurück in das Leben, das man fühlen konnte, in der Ängste real waren, bedrohlich und existentiell, Gedanken tief und gefährlich, Liebe schmerzvoll, der nächste Tag ungewiss, die Orte immer wieder neu, nie gesehen und magisch, anziehend, unbedingt zu erkunden, zu durchdringen bis in den letzten Winkel, das Ungesehene aufsaugen, erfahren mit jeder Nervenfaser, bis zur Erschöpfung, bis der unbändige Drang nach Leben, nach Erlebbaren, nach nicht Erfasstem und Erfahrenem gestillt ist und sich eine kurze, wohlige Erschöpfung breit macht, bevor das Feuer ihn erneut weitertreibt, rastlos, denn Stillstand ist geistige Verarmung.

Memento Mori

Deprimiert wäre eindeutig eine zu schwache Beschreibung für seinen aktuellen Gemütszustand gewesen, er war fertig mit der Welt. Seit Tagen bereits schleppte er sich durchs Leben, seine Gedanken verdichteten sich zunehmend, fixierten den Abgrund seines Innersten und kreiselten ihm bedrohlich entgegen. Die Kommunikation mit seinen Mitmenschen hatte er schon lange eingestellt beziehungsweise auf das Nötigste beschränkt, denn das brodelnde Inferno in ihm beanspruchte seine ungeteilte Aufmerksamkeit. Er spielte stark mit dem Gedanken das Ende, wenn nicht herbeizuführen, dann zumindest doch auszureizen.

Eines Morgens als die hiesige Küstenregion mal wieder von einem besonders heftigen Unwetter heimgesucht wurde, begab er sich zum vorgelagerten Deich, spazierte trotz des inzwischen auf Orkanstärke angeschwollenen Windes ungerührt der Küstenlinie folgend vor bis zur Hafenmole, die bereits gischtüberspült war. Kaum setzte er die ersten Schritte auf die Mole, erfaßte ihn eine der rauen, hochaufgetürmten Wellen und zog ihn seitlich unter Wasser. Sobald er das salzige, kalte Naß in seinen Lungen spürte, ergriff ihn instinktiv eine innere Panik, er strampelte, schlug mit den Armen um sich und versuchte vergebens an den kantigen, als Wellenbrecher aufgeschütteten Natursteinen, Fuß zu fassen. Dreimal wurde er wieder unter Wasser gezogen und schrammte an mehreren

Felskanten entlang, bis es ihm schließlich gelang den steinigen Rand der Hafenmauer zu fassen zu bekommen; er krallte sich ein, bis ihm die Finger bluteten, doch trotz Aufschürfungen an den Knien und anderen Körperteilen schaffte er es mit letzter Kraft sich auf die Betoneinfassung zu robben und sich mit ein paar weiteren Kriechbewegungen aus der Gefahrenzone zu bringen. Nur langsam kam er wieder zu vollem Bewußtsein, sortierte seine geschundenen Glieder und stand zitternd auf.

Er war glücklich – er hätte sterben können, aber er wollte es nicht. Das Meer gab ihm das Leben zurück, ließ es ihn spüren, mit aller Macht.

Kalk

Wohlige Müdigkeit breitete sich in seinem Körper aus, als er sich leicht erschöpft von dem langen Aufstieg zurücklehnte. Er schloß die Augen und ließ die warmen Strahlen der Nachmittagssonne auf sich wirken, während ein lauer Luftstoß von der gegenüberliegenden Bergkuppe ihm die nasse Stirn kühlte. Nur hier, genau an dieser Stelle, weit über den Almen, wo die vielfältigen Gebirgskräuter und die dichten Latschenkiefer dem grauen Gestein weichen müssen, fühlte er sich wirklich sicher; nur hier konnte er klare Gedanken fassen und die Schwere des Tales abschütteln. Der rauhe Kalkstein in seinem Rücken hatte eine beruhigende Wirkung auf ihn, er war warm und hart zugleich, schenkte ihm Selbstvertrauen, vermittelte ihm Beständigkeit und Wahrhaftigkeit. Es war befriedigend. Doch bald würde er wieder zu den Menschen hinabsteigen müssen und sich ihrer Lebendigkeit aussetzen. Der Gedanke daran ekelte ihn und er versucht für einen letzten Moment noch einmal das vollkommene Dasein über den Dingen zu genießen.

Der Schloßgarten

Entrückt des städtischen Treibens fand er sich unversehens in einem Park mit altem Baumbestand wieder, durch den sorgsam gepflegte Wege führten, die sich um diverse barocke Skulpturen und plätschernde Brunnen herumschlängelten.

Gedankenverloren schlenderte er einen der frisch gekiesten Pfade dahin, vorbei an einer alten Zeder, einer Gruppe spitz emporragender Zypressen, einem Steineichenwäldchen und einigen Rosenbüschen, die durch eine niedrige Hecke dem direkten Zugriff der Besucher entzogen waren. Angesichts des literarisch überstrapazierten Dornengewächses verdrängte er die sich ihm aufzwingenden Verse Ronsards und blieb schließlich vor einem wasserspeienden Medusenhaupt stehen. Er fixierte die schlangenumwundene Fratze und versuchte sich zu konzentrieren: Was hatte ihn bloß hierher geführt? Warum war es womöglich gar kein Zufall, daß er sich hier aufhielt?

Langsam fing er an, sich wieder zu erinnern, doch nur bruchstückhaft, denn zu viele Jahre waren seitdem vergangen. In diesem Garten hatte er einst die schönsten Stunden seines Lebens verbracht und alsbald die Vergänglichkeit des Glücks kennengelernt, als er in der Folgezeit immer wieder diesen Ort aufsuchte und das Gefühl nicht mehr evozieren konnte, so daß aus dem ehemaligen Glück, welches er unauslöschlich glaubte, eine permanente Verzweiflung wurde. Es dauerte wiederum viele Jahre, bis es ihm gelang, auch diesen Zustand hinter sich zu lassen, an welchen sich schließlich eine allumfassende Gleichgültigkeit, um nicht zu sagen Emotionslosigkeit gegenüber den Dingen des Lebens anschloß, in der er von nun an verharrte. Auch räumlich hatte er sich weit von dem Ort des einstigen Glückes entfernt und ihn alsbald verdrängt.

Ein zufälliger Geschäftstermin hatte ihn nun in diese Stadt geführt, mit der er schon lange nichts mehr verband, und unwillkürlich mußten seine Füße den Weg in den Schloßgarten gefunden haben, in dem ihm nun auf einmal wieder bewußt wurde, daß es ihm doch einst möglich war, etwas zu empfinden.

Er seufzte tief, doch bevor ihn eine unausweichliche Wehmut packte und er in den Gedankenstrudel über die Vergänglichkeit des Augenblicks und den Kairos hineingezogen wurde, steuerte er energischen Schrittes auf den Ausgang des Schloßparkes zu, mit der festen Absicht nie wieder zu kommen.

Die Schreibstube

Jetzt wo es dunkel war schien ihr die beste Zeit gekommen zu sein endlich zu schreiben. Mit der hereinbrechenden Nacht verdichteten sich die Gedanken, die keiner weitere Ablenkung ausgesetzt waren. Der Lärm der Straße ebbte langsam ab. Die laue Spätsommernacht suggerierte ihr verheißungsvoll das Handwerk der Schriftstellerei wieder aufzunehmen, d.h. eigentlich überhaupt erst zu beginnen. Die äußeren Bedingungen hätten nicht besser sein können. Sie öffnete das Fenster und ein leichter Windzug fuhr in die sanfte Schwüle ihrer Dachgeschosswohnung. Die frische Brise schien gerade dazu angetan zu sein ihre Gedanken neu zu beleben. Alle Vorzeichen waren gut, die Umstände perfekt. Doch Frau K. konnte nicht schreiben.

Zunächst lief sie unentschlossen in ihrem Zimmer auf und ab, versuchte vergeblich sich zu konzentrieren, einen Anfang in Worte zu fassen. Nein! Bis zu einem greifbaren sprachlichen Gebilde war es noch ein weiter Weg; zunächst hieß es einmal die flüchtigen Gedanken überhaupt zu ordnen, aus dem Chaos in ihrem Kopf etwas zu formen, was überhaupt mit Worten wiedergegeben werden könnte. Sie änderte immer wieder ihre Position, mal schritt sie peripatetisch über den nicht mehr ganz so sauberen Parkettboden, mal setzte sie sich in einer Arbeitshaltung an ihren Schreibtisch, dann rutschte sie wieder auf dem Stuhl hin und her, stand auf, ging in die Küche, stärkte sich

mit einem Schluck Cola, um sich wach zu halten, dann wieder setzte sie einen Tee auf, auf dessen beruhigende Wirkung hoffend. Vergebens. Es blieb ein unergiebiger Kreislauf – in jeder Hinsicht.
Schließlich streifte sie sich eine leichte Sommerjacke über und entschloss sich das Haus zu verlassen, um ein wenig am naheliegenden Stadtbach entlang zu schlendern. Als sie aus der Tür der Wohnanlage hinaustrat, umschloss sie die Schwüle der Nacht und sie fühlte sich trotz der Dunkelheit und der dürftigen Straßenbeleuchtung sehr geborgen. Ihre Gedanken blieben indes trotzdem extrem wattig, verschwommen, unfaßbar. Sie war eigentlich müde, aber gleichzeitig auch hellwach, ein Zustand, den sie sonst nur von durchfeierten Nächten kannte, wenn man den Punkt schlafenzugehen in den frühen Morgenstunden endgültig verpaßt hatte.
Nach ein paar Schritten auf dem Kiesweg, der parallel zu der auch in der Dunkelheit mit gleichmäßigem Rauschen dahinplätschernden Schwabach verlief, schwenkte sie wieder in Richtung der nahestehenden Mehrfamilienhäuser, die sich rund um den kleinen Platz mit den verwinkelten Gassen gruppieren. Gebannt von der abendliche Stille in diesem Teil der Stadt, wurde sie ganz ruhig und ausgeglichen, fühlte sich wohl, wenn auch ein wenig einsam. In ihrem Kopf stellte sich eine angenehme Leere ein; sie folgte planlos verschiedenen Straßen, intuitiv eher den abgelegenen und sonst wenig beachtenden. Ganz kurz dachte sie daran vielleicht jemandem eine SMS zu

schreiben, zu kommunizieren, um ihre verzweifelte Situation mitzuteilen, doch dann wischte sie diese Idee schnell wieder beiseite und ließ sich nur von ihrer hübschen Nase geleitet durch die Gassen treiben.

Über eine Stunde lang war sie schließlich unterwegs und ganz unabsichtlich lenkte sie ihre Schritte wieder in Richtung ihrer Wohnung. Sie fühlte sich gut, nur leicht müde, eher wohltuend matt. Ihre Gedanken hatten sich allerdings nicht wirklich ordnen lassen, aber irgendwie schien ihr das gar nicht mehr so wichtig zu sein, keine Spur von Verzweiflung mehr, die Unruhe verflog, genauso wie die Angst mit dem Schreiben nicht anfangen zu können, nicht rechtzeitig fertig zu werden; automatisch sperrte sie die Tür auf und begab sich wieder in ihr Dachgeschoss, zog die Schuhe aus und ließ sich auf das Bett fallen, mit dem letzten und einzigen klaren Gedanken des Tages: die Seminararbeit schreibe ich halt morgen.

Der Lakonietag

Es begab sich vor langer Zeit in einem Lande, wo man nicht arbeiten musste, es aber trotzdem Pausen gab und Ausflüge auf der Tagesordnung standen, wo im Sommer die Sonne zur rechten Zeit schien und im Winter der Schnee immer pulvrig war, als eines Tages ein Fremder in ein beschauliches Städtchen kam und sich dort niederließ. Die Bewohner dieses Landstriches waren in der Regel lebenslustig und äußerst gesprächig, so dass jeder Besucher gleich in die Gemeinschaft eingebunden wurde und sich niemand alleine fühlen musste. Allein dieser Neuankömmling legte ein sonderbares Verhalten an den Tag, er redete nur sehr selten, so dass man meinen könnte, er wäre ein recht mürrischer Mensch. Die Bewohner des besagten Städtchen waren aber darob umso mehr irritiert, als dieser Fremde andererseits sehr lebenslustig war, ein sehr freundliches Wesen zu haben schien und fast immer gute Laune hatte und dabei ziemlich entspannt aussah.

Es war ja auch nicht so, dass er gar nichts sagen würde, denn wenn man ihn direkt ansprach, dann antwortete er schon, nur eben recht kurz und einsilbig. Nach und nach machten zahlreiche Gerüchte die Runde, man spekulierte eifrig, was es wohl mit diesem Menschen auf sich haben könnte, aber niemand traute sich ihn direkt zu fragen, warum er eigentlich so selten redete. Nur eine junge Dame, eine *donzela,* mit einer wunderhübschen Nase hatte schließlich den

Mut den sympathischen Fremden zu fragen, warum er denn so wortkarg sei und ob er sich denn hier nicht wohl fühlen würde.

Zu ihrer und aller anderen Überraschung war der Fremde aber selbst ganz erstaunt über diese Frage, denn - so seine Antwort - es gefalle ihm in dieser seiner neuen Heimat außerordentlich gut und er sei auch allen Bewohnern dankbar für die so freundliche Aufnahme, aber in dem Land aus dem er komme, Lakonien, wäre es nicht üblich, dass man mehr als einen Satz sage, es gelte vielmehr als Tugend sich so kurz und bündig wie möglich auszudrücken, weshalb er sich auch hier nun bemüht hatte nicht zu viel zu reden, obgleich ihm bei dem ein oder anderen Wortschwall, der in dieser Stadt auf ihn einprasselte, doch ein leiser Zweifel gekommen war, ob diese Regel der Knappheit überall gelten mochte. Nun würde er sich aber bemühen der hiesigen Landessitte Genüge zu tun und nach Kräften versuchen seine Kommunikation etwas weitschweifiger zu gestalten.

Alle waren furchtbar erleichtert, dass der nette Neuankömmling aus dem fernen Land sich bei ihnen wohl fühlte und riefen zu seinen Ehren den Lakonietag aus, so dass es an einem Tage im Jahr auch erlaubt und sogar geboten war, das Reden auf das Notwendigste zu beschränken. Jetzt, wo es keine Hemmnisse mehr gab, stellten die neugierigen Bewohner tausend Fragen an ihren neuen Mitbürger und so kam heraus, dass dieser eigentlich von Beruf *barista* war und da eine entsprechende Einrichtung in dem kleinen Städtchen noch fehlte, setzte man alles daran, dass der Lakedaimonier eine kleine Kaffee-Bar eröffnen konnte, die er auch gleich nach dem neuen Feiertag benannte. Seit jener Zeit kann man sich in dem kleinen Städtchen *Erlangon* im *Lakonietag* verabreden und einen Espresso mit Gebäck zu sich nehmen.

Aphorismen und Gedankensplitter

Das niemals Nie ist sicher.

*

Ça change tout.

*

Nie, nie war eine reelle Chance gegeben - egal, es muß egal sein.

*

Ich habe sie gefunden, habe sie unverhofft entdeckt, eine wahrhaftige *trouvaille*, unerwartet, ohne dezidierte Suche, ein unglaublicher Fund, perfekt - und nun sehe ich nur noch zu, bin unbeteiligt, alles löst sich auf.

*

Vom Fenster aus, täglich, erwartungsvoll, spannungsgeladen - wie wird es heute sein. Meist anders.

*

Es vergeht alles - ja, natürlich, längst bekannt - aber so schnell?

*

Teil der Vergänglichkeit zu sein ist manchmal erschreckend - noch erschreckender ist es jedoch, wenn Andere auch Teil der Vergänglichkeit sind.

*

Es geht nicht zurück – so sehr man sich auch darauf konzentriert, die Zeit ist linear.

*

Wenn die Erinnerung an ein Gefühl erlischt, dann ist es wirklich tot.

*

Die Willensfreiheit ist mitunter unglaublich, erschreckend: man könnte vorbeigehen, wegschauen oder man hätte gar nicht hier oder dort sein müssen oder man geht direkt hin.

*

Was kann man sagen, soll man sagen, muß man was sagen oder sagen Blicke etwas oder zuviel oder das Falsche.

*

In Kontakt treten ist einfach oder schwierig, Kontakt halten einfach oder mühselig, Kontakt abbrechen ist einfach oder voller Hindernisse – kein Kontakt ist Eskapismus.

*

Radelnd Flanieren – flanierend Radeln – der radelnde Flaneur.

*

Zeit nehmen – Zeit brauchen – Zeit lassen – Zeit veruntreuen: Ein Gewinn.

*

Heute spaziert das Eis mit mir durch den Sommer.

*

Das Nichtstun perfektionieren ist auch Arbeit.

*

Ein Aktenordner, eine Kiste, eine Schublade, eine Mappe mit der Aufschrift *Dies und Das* – einfach öffnen und sich überraschen lassen.

*

Attribute wie Zigarette, Pfeife, Kaffeetasse, Brille, Kultursakko, Schal und Notizbuch – verbrenne sie und fange an zu schreiben.

*

Suche in einer Stadt das Kopfsteinpflaster – es macht das Gehen schwerer und das Denken leichter.

*

Innehalten!

*

Wenn die Sonne scheint, hat die Arbeit zu ruhen – bei Regen manchmal auch.

*

Von der Langeweile über den Schwachsinn zur Genialität - und manchmal nicht ganz so weit.

*

Das Leben wird schneller, die Erwartungen höher, die Ansprüche größer und die Zeitfenster enger - einfach das Fenster schließen.

*

Das Studierzimmer: Schreibtisch, Bücherregale, Papier, Schreibutensilien, Lampe, Mappen, Hefter, Ordner, Notizzettel - alles digitalisiert, virtualisiert und entlokalisiert. Wo werden jetzt die Gedanken eingefangen und wie? Und sind es noch die gleichen?

*

Das Denken verändert sich, es muß sich verändern - alles andere wäre eine Katastrophe.

*

Anpassungsfähigkeit ist wichtig, überlebenswichtig; in der Natur, in der Gesellschaft und allen Bereichen dazwischen und darüberhinaus - die Weigerung zur Anpassung gehört auch mit dazu.

*

Wenn an einem Spätsommertag hoch überm Tal der warme Kalksteinfelsen neben dem plätschernden Gebirgsbach zu einem sagt, man solle sich hinsetzen und innehalten - dann sollte man der Aufforderung

Folge leisten und die Gedanken schweifen lassen - es lohnt sich immer.

*

Schreiben anstatt zu leben - leben, um zu schreiben - schreiben, um überleben zu können - leben im Schreiben.

*

Denken und schreiben anstatt zu leben - wenn nicht leben, dann wenigsten denken und schreiben anstatt Leere.

*

Denken, schreiben und leben - nicht trennbar.

*

Feudalherrschaft und Absolutismus in kleingeistiger Enge - aber manchmal gibt es auch Lichtblicke an der Universität.

*

Soziopathen, Profilneurotiker und Worthülsenakrobaten mit universaler Inkompetenz in einem globalen Netz postkolonialer Ausbeutung mit Gewinnmaximierung die Grenzen der Legalität ausreizend - gut, daß das Büroleben weltweit überall gleich funktioniert.

*

Vergessen, vergessen, vergessen - bitte vergessen!

*

Nähe birgt Gefahr – Distanz schützt. Ohne Nähe geht man zugrunde, denn die Isolation ist trügerisch.

*

Fernsucht – Wenn die Sehnsucht nach Neuem übermächtig wird, wenn das Gewohnte einen träge, antriebslos und stumpf macht, spätestens dann sollte man aufbrechen.

*

Wenn man dem Alltag und der Routine nicht entflieht, wird er einen ersticken – oft ohne, daß man es bemerkt.

*

Bewegung im Raum ist ein essentieller Moment des menschlichen Daseins – man sollte sie nicht vernachlässigen.

*

Wenn man sich lang vor sich her getragene Wünsche und Ziele nicht erfüllt, dann verblassen sie eines Tages oder sie werden erdrückend schwer.

*

Nicht realisierbare Wünsche zu überwinden verbraucht viel Lebensenergie – man sollte sie trotzdem aufwenden.

*

Wenig Denken ist für den Einzelnen womöglich Glück – für die Gesellschaft jedoch eine Gefahr.

*

Dort oben, in der Sonne, über dem Wolkenmeer, dort sind die Gedanken klar und rein – soweit die Theorie.

*

Nach Stunden des Aufstiegs, oben, innehalten, durchatmen, Erschöpfung macht sich breit, ein Blick in die Ferne, die Augen schließen, nichts mehr wollen, fühlen, denken – es hat sich gelohnt.

*

Die gezielte Suche nach der Leere.

*

Über Frühlingsfelder und Wiesen, durch Straßen und Gassen, über sanfte Hügel, an mäandernden Flußläufen entlang, durch lichte Wälder, auf Wegen und Abwegen, durch Parklandschaften und Häuserschluchten – radelnd durch den Tag flanieren.

*

Alles Faszinierende läßt sich in so viele Einzelteile zerlegen, so akribisch analysieren, daß es letztendlich seine Faszination verliert.

*

Verraten wir die Liebe! – Analysieren wir sie.

*

Verraten wir das Leben! – Denken wir darüber nach.

*

Entsprechend der *fin'amor* agieren. Was bleibt von der *amor de lonh* – Schmerz, im besten Fall das *agro-dolce* im Herz. Meist aber nur die Worte vom ewigen Sehnsuchtsziel. Dann ist aber das Wichtigste geleistet, die Bestimmung erfüllt, das Gedicht geschrieben.

*

Please release me…from death, hell and life – auch keine Lösung.

*

Die ersten zwanzig Jahre des Lebens wünscht man sich nichts so sehr wie älter zu werden, die nächsten zehn Jahre ist das Alter egal, aber die verbleibenden dreißig, vierzig, fünfzig Jahre sehnt man sich danach wieder jünger zu sein.

*

Schreiben, um das eigene Leben nicht zu vergessen – und nicht zu vergessen zu leben, um schreiben zu können.

*

Zu wissen, daß man dabei ist, nicht anderes zu tun als zu warten, und zwar vergeblich zu warten, ist eine der Absurditäten des Lebens.

*

Wenn das Warten zu lange währt und dann unerwartet doch noch endet, dann stellt sich Erleichterung ein, keine Freude – vielleicht aber auch nur noch erlösende Erschöpfung.

*

All die Jahre, immer wieder Auf und Ab, Hin und Her, Hoch und Runter, die Stimmung, das Gefühl, das Miteinander und dann, ganz ohne Grund, langsam, aber sicher geht jeder seines Weges – man war sich einst freundschaftlich verbunden, so sagt man.

*

Der Winter wattiert die Landschaft, der Schnee bedeckt das Gemüt und der Frost ruht den Menschen im Warmen.

*

Heute zerteile ich die Schneeflocken.

*

Das Bücherregal strahlt Wärme in das Studierzimmer, entfacht vom Schein der Schreibtischlampe – intensiv, aber sanft.

*

Durch die Jalousien blitzte das Licht der Erkenntnis – bis man erkannte, daß der Schreibtischnachmittagsschlaf abrupt geendet hatte.

*

Die Aufgaben wachsen, die Liste des zu Erledigenden wird länger und länger, die eigenen Ermahnungen heftiger - *nunc est bibendum*.

*

Die Kälte kriecht in die Knochen, in die Gedanken, ins Gemüt - Zeit nach Süden zu ziehen.

*

Der Gedanke, das Gefühl des Augenblicks ist das dann Erlebte, die Erinnerung - alles wird anders und wieder anders und türmt sich auf bis zum Vergessen.

*

Bitte bleib! Der unendliche Kampf um das Bewahren und die vergebliche Mühe um das Vergessen.

*

Im Nirgendwo zwischen Fehlverhalten, Tadel, Mahnung und Angepaßtheit - geradeaus steuern ist schwierig.

*

Alpinismus, Reisen, Wissenschaft und Literatur - die vier Säulen des Müßigängers.

*

Hobbys entstehen aus Wohlstand, Ideenlosigkeit und Langeweile und dienen dazu sinnlose Leere mit sinnloser Tätigkeit zu füllen. Alle anderen Beschäftigungen, die aus tatsächlichem *otium* geboren werden, sind Lebensformen und keine Begleiterscheinungen.

*

Das Sehnsuchtsobjekt, das sich realisiert, birgt die Gefahr der Desillusionierung.

*

Arbeit ist die Überbrückungszeit zwischen den Pausen.

*

Die gesellschaftliche Aufwertung der Arbeit, die immer weiter voranschreitet, ist eine bürgerliche Erfindung des Selbstbetrugs – es bleibt im etymologischen Sinne eine «unwürdige, mühselige Tätigkeit», körperlicher oder geistiger Natur. Alles andere ist keine Arbeit, sondern eine sinnvolle oder sinnfreie Betätigung.

*

Wenn die Leichtigkeit verlorengeht oder auch nur droht zu schwinden, dann ist das Sein neu auszurichten, das Da-Sein einer Neujustierung zu unterwerfen.

*

Floating! – sich treiben lassen, ohne unterzugehen.

*

Der Rhythmus des Sommertages bestimmt die Abläufe des Lebens – einfach zulassen!

*

Die Stadt pulsiert, drückt dir ihren Stempel auf, absorbiert dich – den Takt fühlen und Teil davon werden, aber jederzeit bereit sein sich auszuklinken.

*

Wenn das Nachdenken über etwas Bestimmtes zirkulär wird und irgendwann die eigenen Pfade der Reflexion Langeweile erzeugen, dann ist es an der Zeit loszulassen.

*

Der Gebirgsbach, der weit oben über die Steine schäumt, durch die Almwiesen plätschert und sich in Gumpen staut, führt einen zurück zu sich selbst, zum Ursprung des Denkens und des Seins an sich – die ionische Naturphilosophie wird greifbar.

*

Anpassung schafft Wohlbefinden und ist eine wichtige Eigenschaft des sozialen Wesens – Abgrenzung allerdings ebenfalls.

*

Schnürlregen ist Poesie.

*

Die Kurzgeschichte *Der Wetterumsturz* würde von einer meteorologischen Veränderung handeln, wie der Mensch darauf reagiert, wie die Natur sich zurück in sein Leben drängt und ihn sein fragiles Dasein fühlen läßt – wenn sie denn einst geschrieben würde.

*

Reiseliteratur ist vielleicht Literatur, die man mit ins Reisegepäck nimmt und dann nie liest.

*

Wenn der warme Marmor auf den Stufen des Palazzo einen willkommen heißt, man den Blick über die Geschäftigkeit der Piazza schweifen lassen kann und dabei nicht denkt – ein idealer Reisetag, flüchtig.

*

Wenn das Dasein sinnhaft wäre, dann wäre das Leben ein anderes, die Existenz wäre ihrer Akzidentien beraubt und determiniert – nur die Sinnlosigkeit generiert Verantwortung und Genuß.

*

Die alte Frage der Kyrenaiker, wie das Glück zu definieren ist, wieviele Glücks- und Lustmomente welcher Art es braucht, um entspannt auf das Leben zurückblicken zu können, sie ist selbstverständlich nicht zu beantworten – doch mit Sicherheit sind es nicht die unzähligen Stunden im Büro, in Besprechungen und Konferenzen, sondern die nicht alltäglichen Erlebnisse, egal welcher Art, die einem bleiben und die Existenz strukturieren.

*

Nachts in der Metropole, in den Häuserschluchten, wenn die Abgase über den nassen Asphalt kriechen, die flackernden Lichter Lebendigkeit suggerieren und die stummen Massen Anonymität garantieren, dann ist man frei und die Sinnhaftigkeit betoniert.

*

Nicht wenige sind auf der Suche nach der endgültigen Sicherheit, der scheinbar abgeschlossenen Lebensplanung mit den je eigens dafür definierten Parametern, die erfüllt sein müssen, damit alles endlich in scheinbar geordneten Bahnen verläuft – und dann ist doch alles ganz anders oder auch nur ein wenig und verzweifelt wird mehr denn je versucht das Plansoll zur Erfüllung zu bringen, anstatt aus den Veränderungen neue Wege abzuleiten.

*

Das Naheliegende ist zu einfach, zu offensichtlich, zu vertraut – es muß geradezu übersehen werden.

*

Vado al bar – dorthin, wo das Leben stattfindet.

*

Wenn die *ratio* schläft und der *homme machine* zum Leben erwacht und alle nicht mehr steuerbaren physikalisch-chemischen Prozesse die Oberhand gewinnen.

*

Wenn auf der Südseite die Hänge bereits aper sind, die Frühjahrssonne an Kraft gewinnt, die klare Luft das erste Grün der tiefergelegenen Almen ankündigt, dann ist es Zeit aufzubrechen, alte Denkmuster zu verlassen und neue Ideen zu suchen – dort draußen, hier heroben.

*

Woher haben manche diese innere Ruhe, die Gewissheit wie das Leben zu gestalten ist und die Zufriedenheit mit ihrem Tun? Wie können sie sich unbeschwert mit den kleinen Dingen des Alltags beschäftigen? – Dieser schöne Irrtum irgendwann angekommen zu sein.

*

Die Ataraxie ist unerreichbar, die innere Unruhe treibt an, alles bleibt hinterfragbar und ungewiß – auch die rastlose Suche kann eudämonisch sein.

*

Die warmen Schindeln der Alm im Rücken in die Sonne blinzeln, in freudiger Erwartung einer Brettljausn tief durchatmen und den Blick über die Schneegrate am Horizont schweifen lassen – Momente, in denen die Philosophie zu pausieren hat.

*

Die Tradition des Idyllischen – von Vergil bis Rousseau – sichert das Überleben des Kulturraums Alpen, doch der Grat zwischen Alpenidylle und Alpenkitsch ist schmal, ein Changieren zwischen berechtigten

Überlebensstrategien und marktorientierter Zerstörung.

*

Das Idyll - die Verklärung eines Naturzustandes und einer ärmlichen, rückständigen Lebensweise. So schön kann Selbstbetrug sein.

*

Der Sättigungsgrad - Selbst, wenn die Geisteskoordinaten die perfekte Symmetrie konstatieren oder eine maximale Ästhetik in der Asymmetrie, bleibt die Genugtuung über die entdeckte Formvollendetheit nicht bestehen. Nach und nach tritt eine Übersättigung ein, der Genuß aus dem ästhetischen Maximum löst sich nach und nach auf, der Geist schweift ab und begibt sich auf die Suche nach einer neuen, anderen Art der Vollkommenheit.

*

Von der muffigen Enge der kleingeistigen Provinz sich selbst befreiend in die Metropole übersiedeln oder der aufgesetzten Toleranz, der allgegenwärtigen Selbstdarstellung und der hektischen Produktivitätsoptimierung fliehen, raus aus der Großstadt und zurück ins inspirierende Landleben - der ewige Kreislauf eskapistischer Migrationsbewegungen.

*

Vor den weltpolitischen Ereignissen und Katastrophen erscheinen die eigenen Befindlichkeiten so nichtig - und doch sind sie uns im Zweifelsfall weitaus näher.

*

Der alte Schupfen mit den losen Ziegeln auf dem Dach, den zerbrochenen Fensterscheiben und der verwitterten Tür übt eine nie enden wollende Faszination aus, birgt immer wieder ein neues Geheimnis in sich, obwohl bereits bestens erkundet, jeder Winkel durchforstet - Ein Blick zurück, als die eigene Welt noch überschaubar war, in die Begeisterungsfähigkeit der Kindheit - Topos und Wahrheit.

*

Eine Reiseroute entlang sich langsam bergauf windenden Straßen über karge Pässe im Nebel, hinab durch Schluchten, dem Wasser folgend, gesäumt von Hospizen, Kapellen und verfallenen Stationshäusern - seltene Einsamkeit in den Alpen.

*

Vergessene Wege, historische Spuren - sich abseits bewegen, durch Raum und Zeit.

*

Auf schmalen Pfaden, jenseits der Baumgrenze, vorbei an Almen und ihren Matten, weiter hinauf, die Schutzhütten hinter sich lassend, die Schneekare queren, den felsigen Grat empor - Dort, wo die Luft immer dünner wird, versiegen die Gedanken, endlich.

*

Die wattierte Stadt – nächtliches Schneetreiben erfüllt unverlangt die Sehnsucht nach Ruhe.

*

Durch die Wiesen am Auwald vor der Stadt schlängelt sich ein Weg, eine Bank lädt zum Rasten ein – sich setzen, in die Sonne blinzeln, nichts weiter.

*

Meditation ist für Anfänger – der Fortgeschrittene macht einfach Pause.

*

Wo ist die Unbeschwertheit geblieben, die Leichtigkeit und Nonchalance? – Der Anspruchskatalog an das Leben zerstört das Sein im Hier und Jetzt.

*

Der Ruf der Ästhetik – die Anziehungskraft des Wohlgeformten als nie versiegender Impetus des Handelns.

*

Entgrünter Lebensraum – das merkwürdige Leben in der Urbanität.

*

Auf der Suche nach der absoluten Ästhetik – perfekte Symmetrie, Proportionalität und Harmonie der Form funktionieren nicht als Kriterien, denn die Sinne sind unbeständig und unberechenbar, alles wird immer wieder neu evaluiert.

*

Der zunehmende Atheismus in den mittel- und nordeuropäischen Gesellschaften ist leider meist keiner, der dem Geist der Aufklärung entsprungen ist, sondern gründet sich in Gleichgültigkeit und mangelndem Interesse sich mit der Transzendenz auseinanderzusetzen und mündet dabei oft in eine Ideologisierung von ersatzreligiösen Lebenshaltungen sowie in einem geradezu fanatischen Festhalten an säkularisierten, pseudo-religiösen Traditionen.

*

In die Untiefen seiner eigenen Verfehlungen hinabzusteigen, birgt die Chance auf einen Neuanfang.

*

Je tiefer die Nacht, desto heller die Gedanken - zumindest vor ihrer Überprüfung am folgenden Tag.

*

Wenn einem die eigene Gesundheit beginnt wichtig zu werden, dann wird man langsam alt - fängt man an Strategien zu entwickeln die nicht mehr vorhandene Gesundheit auszublenden, dann ist man alt.

*

Der Montag. Das Leben auf das Notwendigste reduzieren: Würschtl, Senf, Brezn und eine eiskalte Halbe, während der Blick über den See schweift, der im sanften Abendlicht die Ruhe einfängt - Alles scheint so einfach.

*

Das danteske Inferno hypostasiert sich im gedankensedierenden Büroalltag - Die immer gleichen Abläufe des modernen Geistesfließbandarbeiters versinnbildlichen die ewigen Qualen der existenziellen Verdammnis zur Monotonie und Sinnlosigkeit.

*

Das ewige Ankämpfen gegen die Kontingenz der Ereignisse - Die Existenz konstituiert sich immer wieder neu, die Akzidenz dringt in die Essenz der Existenz ein, schleichend.

***

München I: Mit einer Weghalben durch den Englischen Garten flanieren und am Eisbach rasten; sich am Flaucher durch die Isar treiben lassen; im *Atzinger* oder *Alten Simpl* vergangenen Zeiten nachtrauern, von der Schwabinger Bohème oder dem echten Studentenleben, als noch in dicken bierseligen Rauchschwaden sinnfrei diskutiert wurde; den Feierabend auf den Stufen der Glyptothek ausklingen lassen; auf dem Olympiaberg in den konzertbeschallten Nachthimmel träumen; durch den Nymphenburger Schloßpark laufen und sich von Rehen und Eichhörnchen beobachten lassen; auf der *Auer Dult* genau das suchen, was man noch nie gebraucht hat; beim ersten

Frühlingssonnenstrahl im Café draußen sitzen; sich der schönen Illusion hingeben, alle haben immer Freizeit und Geld; in einer Giesinger Boazn alles vergessen – Klischee und Wahrhaftigkeit.

*

München II: Mit dauertuberkulösen Beamten und hochgradig genervten Angestellten dem Höllenschlund des U- und S-Bahn-Untergrundes ausgesetzt sein; im Berufsverkehr zwischen Porsche, BMW und Audi mit Maximal-Aggressivität um drei Meter Vorsprung bis zur nächsten Ampel kämpfen oder wahlweise sich gegenseitig von einem halben Meter breiten Radlweg schubsen; Konzert- und Theaterkarten drei Wochen vor Bekanntwerdung für eine Veranstaltung in fünf Jahren kaufen; bei bestem Wochenendwetter regelmäßige Teilnahme am längsten Stau des Landes mit Blick auf idyllische Seenlandschaft und imposante Berge; sich zur Erhöhung des Kunstgenusses durch einen Menschenstrudel an Touristen und einheimischen Rentnern drängen, die Audio-Guide-ferngesteuert durch die Pinakotheken ambulieren; sich beim Ausgehen unverdrossen zeigen, denn am Türsteher scheitern gehört zum festen Ritual des nächtlichen Partygängers – Klischee und Wahrhaftigkeit.

***

Mit weißer Gischt drängt das aufgewühlte Wasser durch die Stromschnellen, glitzert grün in der heißen Mittagssonne, stürzt über Felsbrocken, schleift unermüdlich das Gestein und schiebt die Sedimente vor sich her – alles verändert sich und bleibt doch gleich.

*

Zum Autor

Roger Schöntag, geb. 1971 in München, studierte Romanische Philologie und Geschichte an der LMU München, arbeitete während und nach seiner Promotion 2003 in verschiedenen Berufen und ist seit 2009 an der FAU Erlangen als Dozent für französische, italienische und spanische Sprachwissenschaft tätig. Bisher sind von ihm u.a. sein Gedichtband *Streugut* (2015), seine Kurzgeschichtensammlung *Gedankenhölle* (2010) erschienen, ein Band mit *Aphorismen* (2010) und Gedichte unter dem Titel *Interne Mitteilungen* (2010) sowie weitere Gedichte, Kurzgeschichten und Essays in der Zeitschrift *Starnberger Hefte* sowie in verschiedenen Anthologien. Seine Aphorismen wurden auch in das *Aphorismen-Archiv* (https://.aphorismen-archiv.de) aufgenommen und sind dort partiell einsehbar.

Im Rahmen seiner wissenschaftlichen Tätigkeit hat er unter anderem die Erstausgabe der unter dem Titel *Nachhall* (2014) vereinten Gedichte von Rolf K. Ligniez besorgt sowie einzelne Gedichtübersetzungen angefertigt.

BISHERIGE PUBLIKATIONEN

BÜCHER

Schöntag, Roger (2019): *Stromschnellen. Kürzestgeschichten und Aphorismen*. München (Neuhausen): Ibykos Verlag.

Schöntag, Roger (2015): *Streugut. Reisegedichte aus Europa*. München (Neuhausen): Ibykos Verlag.

Schöntag, Roger (2010): *Gedankenhölle. Kurzgeschichten und andere Kurzformen*. Norderstedt: Books on Demand (BoD).

Schöntag, Roger (2010): *Aphorismen*. Norderstedt: Books on Demand (BoD).

Schöntag, Roger (2010): *Interne Mitteilungen. Gedichte 1989-1999*. Norderstedt: Books on Demand (BoD).

PUBLIKATIONEN IN LITERARISCHEN SAMMELBÄNDEN UND ZEITSCHRIFTEN

Schöntag, Roger (2018): „Zeitsprung", in: *Starnberger Hefte* 20 (Dezember), 14.

Schöntag, Roger (2018): „Loslassen", in: *Starnberger Hefte* 19 (Juli), 58.

Schöntag, Roger (2017): „Klare Regeln", in: *Starnberger Hefte* 17 (Dezember), 52.

Schöntag, Roger (2017): „Cerbère", in: *Starnberger Hefte* 16 (Juli), 47.

Schöntag, Roger (2017): „Mont d'Arrée", in: *Starnberger Hefte* 16 (Juli), 48.

Schöntag, Roger (2016): „Zwischen Isar und Würm", in: *Starnberger Hefte* 13 (Juli), 67.

Schöntag, Roger (2015): „Zwischen den Welten", in: *Starnberger Hefte* 11 (Dezember), 31-35.

Schöntag, Roger (2014): „Der Lakonietag", in: *Starnberger Hefte* 7 (Juli), 58-59.

Schöntag, Roger (2013): „Die Schreibstube“, in: *Starnberger Hefte* 3 (März), 52-54.

Schöntag, Roger (2012): „Gedankensplitter“, in: *Starnberger Hefte* 1 (Juli), 53.

Schöntag, Roger (2012): „Vanitas in der Metropole“, in: *Starnberger Hefte* 1 (Juli), 53.

Schöntag, Roger (2011): „Der Schlossgarten“, in: Quester, Ernst/Schmolz, Christoph/Müller, Fabian (Hrsg.): *Literaturzirkel Freies Schreiben. Skizzen 09-11*. Starnberg: Eigendruck im Selbstverlag, 193-194.

Schöntag, Roger (2009): „Die Gutenberg-Galaxie“, in: Quester, Ernst/Czezior, Patricia/Schmolz, Christoph (Hrsg.): *Literaturzirkel Freies Schreiben. Skizzen 07-09*. Starnberg: Eigendruck im Selbstverlag, 257.

Schöntag, Roger (2009): „Ontologie“, in: Quester, Ernst/Czezior, Patricia/Schmolz, Christoph (Hrsg.): *Literaturzirkel Freies Schreiben. Skizzen 07-09*. Starnberg: Eigendruck im Selbstverlag, 143.

Czezior, Patricia/Schöntag, Roger (2009): „Transzendenz II“, in: Quester, Ernst/Czezior, Patricia/Schmolz, Christoph (Hrsg.): *Literaturzirkel Freies Schreiben. Skizzen 07-09*. Starnberg: Eigendruck im Selbstverlag, 143.

Czezior, Patricia/Schöntag, Roger (2006): „Benacus“, in: Quester, Ernst/Greifoner, Sabrina/Hannemann, Sarah-Janina/Schmolz, Christoph (Hrsg.): *Literaturzirkel Freies Schreiben. Skizzen 04-06*. Starnberg: Eigendruck im Selbstverlag, 196.

Schöntag, Roger (2004): „Ästhetik“, in: Zimmermann, Anja/Roediger, Thomas (Hrsg.): *Die Literareon Lyrik-Bibliothek*. Band I. München: Herbert Utz Verlag, 198.

Schöntag, Roger (2000): „Der Krimi“, in: Frieling, Wilhelm Ruprecht (Hrsg.): *Prosa de Luxe. Anno 2000*. Berlin: Frieling & Partner Verlag (= Frieling - Anthologien und Jahrbücher), 316-317.

Schöntag, Roger (2000): „Protokoll“, in: Frieling, Wilhelm Ruprecht (Hrsg.): *Prosa de Luxe. Anno 2000*. Berlin: Frieling & Partner Verlag (= Frieling - Anthologien und Jahrbücher), 318.

Schöntag, Roger (2000): „Spiegel", in: Frieling, Wilhelm Ruprecht (Hrsg.): *Prosa de Luxe. Anno 2000*. Berlin: Frieling & Partner Verlag (= Frieling - Anthologien und Jahrbücher), 319.

Herausgaben

Schöntag, Roger (Hrsg.) (2019): *Die Schreibwerkstatt. Absurditäten und Abschweifungen*. München (Neuhausen): Ibykos Verlag.

Ligniez, Rolf Krafft (2014): *Nachhall. Gedichte. Petrarkistisches Dichten in der späten Neo-Romantik*. Herausgegeben und eingeleitet von Roger Schöntag. Nebst dem Abdruck eines Briefes anläßlich des Todes von Max Kommerell. Göttingen: V&R unipress.

Übersetzungen

Schöntag, Roger (2019): „Die Dichtung des *Rei Poeta* Dom Dinis. Die Übersetzung einer *cantiga d'amor* aus dem Altportugiesischen", in: Schöntag, Roger/Czezior, Patricia (Hrsg.): *Varia selecta. Ausgewählte Beiträge zur Sprach- und Literaturwissenschaft unter dem Motto „Sperrigkeit und Interdisziplinarität"*. München (Neuhausen): Ibykos, 333-351.

Schöntag, Roger (2015): „Eine Übertragung des Sonetts *Amour, lors que premier ma franchise fut morte* von La Boétie ins Deutsche", in: *Starnberger Hefte* 9 (März), 65-75.

Blake, Jennifer (2010): *Im Wirbel der Gefühle*. München: Wilhelm Heyne (Übersetzung: Roger Schöntag) [Original: *Triumph in Arms*. Toronto: Mira Books (Harlequin) 2010].